Meinrad Walter

Erfreue dich, Himmel, erfreue dich, Erde …

MEINRAD WALTER

Erfreue dich, Himmel, erfreue dich, Erde …

40 Gotteslob≈Lieder vorgestellt und erschlossen

HERDER

FREIBURG · BASEL · WIEN

Von Meinrad Walter sind im Verlag Herder bereits zwei Bände mit jeweils 40 Liedporträts zu alten und neuen Gotteslob-Liedern erschienen:

»Sing, bet und geh auf Gottes Wegen ...«
40 neue und bekannte geistliche Lieder erschlossen
Verlag Herder GmbH, Freiburg im Breisgau 2013,
2. Auflage 2015

ISBN 978-3-451-31160-4

»Ich lobe meinen Gott ...«
40 Gotteslob-Lieder vorgestellt und erschlossen
Verlag Herder GmbH, Freiburg im Breisgau 2015

ISBN 978-3-451-31260-1

MIX
Papier aus verantwortungsvollen Quellen
FSC® C083411

www.herder.de

Umschlaggestaltung: Verlag Herder
Umschlagmotiv: Verlag Herder

Satz/Notensatz: SatzWeise GmbH, Trier
Herstellung: CPI books GmbH, Leck

Printed in Germany

ISBN 978-3-451-38783-8

Inhalt

Vorwort

»Sing ein neues Lied für Ihn«

Alles ist schon gesungen.

Aber noch nicht alles durch dich –
hast du noch Luft in den Lungen?

Gib mir sieben Akkorde
vorweg,
dann folgen die Worte.

Huub Oosterhuis
nach Psalm 149

Das »Neue Lied« ist die vielleicht stärkste musikalische Inspiration, die von der Bibel ausgeht. *»Sing ein neues Lied für Ihn«*, heißt es in einigen Psalmen. Doch auch im Neuen Testament kennt die Offenbarung des Johannes das Motiv des Neuen Liedes, das aus Erdentönen Himmelsklänge machen kann. Dann gilt der Titel dieses Buches: »Erfreue dich, Himmel, erfreue dich, Erde …«; und das ewig-neue Lied an Gottes Thron ist – wie ein Präludium – schon hier und heute hörbar, weil aus der Kraft des Kommenden gesungen wird.

Der Einwand »Alles ist schon gesungen«, er gilt nicht. Denn nicht um eine möglichst vollständige Bilanz geht es, sondern um *beständige Erneuerung*. Und sollte einmal ohnmächtiges oder sattes Verstummen drohen, was nicht mit erfülltem Schweigen zu verwechseln ist, dann erklingen, jedenfalls bei Huub Oosterhuis, als Intro »sieben Akkorde vorweg«, die neu zu Worten inspirieren. Und diese rufen wiederum nach neuen Klängen …

Das vor wenigen Jahren neu eingeführte *Gebet- und Gesangbuch Gotteslob (GL)* hat frischen Wind in die »Lieder-Landschaft« gebracht. Wer es aufschlägt, entdeckt Vertrautes und Neues. Noch nie war ein katholisches Gesangbuch so »polyphon« im Blick auf die konfessionelle Herkunft und theologische Ausrichtung seiner Gesänge. Auch die musikalische Gestaltung ist von Vielfalt geprägt: vom altkirchlichen Hymnus bis zum Neuen geistlichen Lied, vom mehrstimmigen Kehrvers bis zum Kanon, griechisch und lateinisch, deutsch und englisch.

Nach den beiden Büchern »Sing, bet und geh auf Gottes Wegen …« und »Ich lobe meinen Gott …« widmet sich dieser dritte Band wiederum *40 Gotteslob-Liedern.* Fast alle stehen im Stammteil des Gotteslob, viele zudem auch im Evangelischen Gesangbuch (EG); einige finden wir in etlichen diözesanen Gotteslob-Eigenteilen. Dieses Buch will das Singen begleiten, indem es den Reichtum der Lieder erschließt. Theologen und pastorale Mitarbeiter sollen Einblicke in die Facetten einer »Lieder-Kunde« erhalten, Kirchenmusikern sowie Chorsängerinnen und -sängern mögen Horizonte geweitet werden im Blick auf die theologischen Schätze der Gesänge aus vielen Epochen.

Wieder sind den Liedern jeweils *kurze Impulse* vorangestellt. Sie formulieren eine spirituell-musikalische Quintessenz oder geben, quasi als »O-Ton« aus der Feder der Autoren, Einblick in die oftmals spannende Entstehungsgeschichte. Solche Texte regen zum Weiterdenken und zum Vergleichen an, nicht zuletzt im Blick auf Lied-Einführungen in der Chorprobe oder Liedpredigten im Gottesdienst.

Erprobt wurden die hier gesammelten Texte bereits vielfach: zunächst im Zusammenhang der Gotteslob-Monatslieder und als journalistische Beiträge, dann auch im Rahmen interdisziplinärer Lehrveranstaltungen für Studierende der Theologie und der Kirchenmusik. Auch in Buchform wollen die *40 Liedporträts* nun dazu beitragen, dass der Impuls »Gib deinen Liedern neuen Klang« (Gotteslob 338) im Singen, Spielen und Bedenken immer neu gelingt. Und zum Schluss dieser dreiteiligen Reihe mit Gotteslob-Liedporträts sage ich – mit einem in Freiburg entstandenen berühmten Lied – »Danke«: der Erzdiözese Freiburg für einen Druckkostenzuschuss und Frau Dr. Esther Schulz vom Verlag Herder für das aufmerksame Lektorat.

Freiburg, im Februar 2018 *Meinrad Walter*

I
KLINGENDES KIRCHENJAHR
Advent bis Pfingsten

»Lasst das Wort Christi reichlich unter euch wohnen:
Lehrt und ermahnt einander in aller Weisheit;
mit Psalmen, Lobgesängen und geistlichen Liedern
singt Gott dankbar in euren Herzen.«
Kolosser 3, 16

Was mich an diesem einen Bibelvers des Apostels Paulus zuerst fasziniert, ist seine Vorstellung vom Singen und Sagen als einem Geschehen in lebendiger Fülle und Vielfalt. *Reichlich* soll es sich entfalten, und das heißt doch: in vielerlei Formen, bei mannigfachen Gelegenheiten, in breiter Ausführlichkeit. Es verstärkt den festlich lobenden Charakter des Singens, wenn wir hin und wieder die Lieder in Hülle und Fülle, in bunter Vielfalt, in großer Zahl und ganzer Länge durchsingen; wenn wir uns Zeit und Geduld nehmen, die Dichterin oder den Dichter als Zeugen des Glaubens ausreden und die Worte und Töne auf uns wirken zu lassen; das Wesentliche ist wohl nie als Schlagwort oder Werbemelodie auf die Schnelle zu kriegen. Weiter heißt es: *dankbar in euren Herzen,* und das meint mit Sicherheit: nicht in aller Stille, verborgen im Herzen, sondern deutlich vernehmbar und von Herzen, mit Emotion und Engagement, in innerer Anteilnahme und persönlicher Begeisterung.

Martin Rößler

1
Ein Bote kommt, der Heil verheißt

Und der Gruß, den Gott spricht,
schwingt
sich um den Goldstab
über den Engel hin
in die Kammer des Mädchens hinein,
springt
vom Himmel herab
in die Welt und
singt:
Ave Maria, gratia plena.
Und die Antwort der Jungfrau
hebt
sich sehr zögernd
ein kleiner Wimpel, eingerollt noch
über ihr Nachdenken hin,
kein
Ja und kein Nein.
Doch dann öffnet er sich und
schwebt
von der Welt zum Himmel auf:
Ecce ancilla Domini.

Silja Walter

Ein Bote kommt, der Heil verheißt

Gotteslob 528

2. Das helle Licht der Ewigkeit / trifft unsre Dunkelheiten. / Ein Augenblick der Erdenzeit / wird Angelpunkt der Zeiten. / Gott teilt mit uns ein Menschenlos / vom ersten Tag im Mutterschoß / bis in die Nacht des Todes.

3. Maria, du hast Ja gesagt / zu Gottes Ruf und Gnade. / Den ganzen Weg hast du gewagt; / begleite unsre Pfade, / dass ihn, den du empfangen hast, / auch unser Herz mit Freude fasst / und Raum gibt seiner Liebe.

T: Peter Gerloff 2010; M: Wittenberg 1529

Engels≈Gruß

Von Engeln, den Boten Gottes, hören und singen wir oft. So auch in diesem adventlichen Lied. Es gehört zunächst zum Fest der Verkündigung des Herrn am 25. März, passt aber auch zu Marienandachten und zum Gebet »Der Engel des Herrn« (GL 3,6). Die alte Melodie aus lutherischer Tradition verbindet sich glücklich mit den neuen Worten von Peter Gerloff.

Eine musikalische Bildbetrachtung. Vertont ist die biblische Szene, wie der Engel Gabriel das in der Heiligen Schrift lesende Mädchen Maria überrascht (Lukas 1,26–38). Was sehen die Singenden? Zunächst richtet der Blick sich nach oben, zum *himmlischen Boten.* Gabriel überbringt den göttlichen Gruß »Ave Maria, gratia plena«, der bei vielen Bildern zudem auf einem Spruchband zu lesen ist. Im Sinnbild der Taube erkennt man den Heiligen Geist, dessen Verheißung lautet: »Du wirst einen Sohn gebären.« Gott will einen neuen Anfang: »Die neue Welt aus Gottes Geist …«, und zwar in dieser Welt. *Maria* ist der erste Mensch, der davon hört. Sie vernimmt Worte, die sie erschrecken lassen. Dann aber heißt ihre Antwort »Ja« – »Siehe, ich bin die Magd des Herrn«, Ecce ancilla Domini.

Die zweite Strophe weitet den Blick, zieht die Betrachter gleichsam in das Bild hinein: »Das helle Licht der Ewigkeit trifft unsre Dunkelheiten«. *Gegensätze* werden offenbar und sogar miteinander versöhnt: Licht und Dunkel, Augenblick und Ewigkeit, Leben und Tod. Peter Gerloff (geb. 1957) findet für die Menschwerdung Gottes in seinem Sohn Jesus Christus eine treffende Formulierung: »Gott teilt mit uns ein Menschenlos«. Jetzt wird vollends deutlich, dass das ganze Lied im Präsens steht. »Angelpunkt der Zeiten« ist eine Anspielung auf die christliche Zeitrechnung »Anno Domini …«, die Jesu Geburt – neun Monate nach der Verkündigung – als Zeitenwende versteht.

In der dritten Strophe tritt zunächst Maria in den Vordergrund, dann die Singenden, die auf ihre *Wegbegleitung* hoffen. Hier schimmert das alte Bild von Maria als »Wegweiserin« (Hodegetria) durch, wie wir es auf ostkirchlichen Ikonen sehen. Die Singenden nehmen sie beim Wort: »Maria, du hast Ja gesagt«. Auf ihr

Ja hin hat sie den Sohn empfangen. Und nun wird das Bild, das wir singend betrachten, sogar zu einem *Spiegel.* Die ganze Zeit schon singen wir auch von uns. Der Mystiker Angelus Silesius deutet es so: »Ich muss Maria sein und Gott aus mir gebären, soll er mich ewiglich der Seligkeit gewähren.« Maria ist »als exemplarisch Glaubende ganz und gar empfänglich für Gott«; und so soll jeder Christ werden: »ein Hörender und Glaubender, jemand, in dem Gottes Sohn neu geboren wird« (Gisbert Greshake).

Die *Melodie* aus der Reformationszeit folgt der sogenannten »Kanzonenstrophe« und stammt vielleicht von Martin Luther. Sie vereint den Impuls einer schreitenden Bewegung mit fast meditativer Ruhe. Im Lauf der Jahrhunderte wurde diese Melodie mit Dutzenden von Liedern verknüpft, unter anderem mit Paul Gerhardts Choral »Ich steh an deiner Krippe hier« (Gotteslob 1975, Nr. 141). Dieses Lied hat im neuen Gotteslob jedoch, ebenso wie im Evangelischen Gesangbuch, die bekannte Moll-Melodie erhalten, die Johann Sebastian Bach für das sogenannte »Schemelli-Gesangbuch« komponiert hat. Die frühere und vertraute Melodie in F-Dur ist nun zum Lied »Ein Bote kommt, der Heil verheißt« gewandert. Und hier ist sie bestens aufgehoben.

2
Herr, send herab uns deinen Sohn

Die Namen der O-Antiphonen des christlichen Advent sind ein einziges Exzerpt des Alten Testaments, aus Thora, Propheten und Schriften herausgezogen. Christologisch anonym; der Name Jesu Christi fällt nicht. Wenn man die akkumulierten Namen aufschlüsselt, tritt der politische Horizont der Anrufungen deutlich zutage, der Ausblick auf das Heil des auserwählten Volkes wie der Völker insgesamt. Der Duktus der Namenansammlung akzentuiert gerade das von Israel ausgehende, seine Grenzen überschreitende Heil der Oikumene, wobei eben diese bewohnte Menschenwelt als Ort in der Disposition des Kosmos gesehen wird.

Diese universalistische Perspektivierung des Alten Testaments zielt auf den Fluchtpunkt einer einzigen Person, die alle exzerpierten Erwartungsnamen an sich zieht. Aber anstatt nun geradewegs zu bekennen, dass das in den Namen Verheißene sich erfüllt habe, wird in den O-Antiphonen gerufen »Komm!«, als sei er nicht schon da. Dass der Gekommene als erst noch Kommender angerufen wird, schafft eigentümliche Zeitverhältnisse.

Es sind die Zeitverhältnisse der Liturgie, die den linearen Verlauf der Zeit in den Jahreskreis einbiegt, in dessen zyklischem Verlauf die Christgläubigen alle Jahre wieder auch in die Zeit *ante Christum natum* geraten. Die hier erflehte Ankunft aber geschieht nicht »zu einer Stunde, wo ihr es nicht meint« (Mt 24,44), sondern im liturgischen Kalender auf den Tag terminiert. Zu Weihnachten heißt es im Präsens der liturgischen Zeit: »Heute ist euch der Heiland geboren.«

Alex Stock

Herr, send herab uns deinen Sohn

Gotteslob 222 ö

4. O Wurzel Jesse, Jesu Christ, / ein Zeichen aller Welt du bist, / das allen Völkern Heil verspricht: / Eil uns zu Hilfe, säume nicht. *Kv*

5. O Schlüssel Davids, dessen Kraft / befreien kann aus ewger Haft: / Komm, führ uns aus des Todes Nacht, / wohin die Sünde uns gebracht. *Kv*

6. O Aufgang, Glanz der Ewigkeit, / du Sonne der Gerechtigkeit: / Erleuchte doch mit deiner Pracht / die Finsternis und Todesnacht. *Kv*

7. O König, Sehnsucht aller Welt, / du Eckstein, der sie eint und hält: / O komm zu uns, o Herrscher mild, / und rette uns, dein Ebenbild. *Kv*

8. O »Gott mit uns«, Immanuel, / du Fürst des Hauses Israel, / o Hoffnung aller Völker du: / Komm, führ uns deinem Frieden zu. *Kv*

9. Herr, wir vertrauen auf dein Wort; / es wirkt durch alle Zeiten fort. / Erlöse uns, du bist getreu. / Komm, schaffe Erd und Himmel neu. *Kv*

T: EGB [1969] 1970 nach den Übertragungen der lateinischen O-Antiphonen von David Gregor Corner 1631, Heinrich Bone 1847 und Köln 1887, M: bei Thomas Helmore 1856 nach einer franziskanischen Melodie des 15. Jh.

Sehnsuchts≈Lied

Der Refrain passt sehr gut zum Dritten Adventssonntag, der nach den Anfangsworten des Eröffnungsverses »Gaudete« heißt. Auch an den letzten Tagen vor Weihnachten können wir dieses Lied singen, weil nun die sehnsüchtige Erwartung immer drängender wird. Täglich kommt ein neuer Name für den Messias ins heilige Spiel der Liturgie.

Ein Lied mit *zwei Themen.* Die Strophen widmen sich den sogenannten O-Antiphonen, der lateinisch und deutsch abgedruckte Kehrvers »Freu dich, freu dich, o Israel …« bringt die adventliche Freude des Sonntags »Gaudete« zur Geltung. Die jeweils mit dem innigen Ruf auf dem Vokal »O« beginnenden Gesänge aus dem 6./7. Jahrhundert sind ursprünglich die Antiphonen (Kehrverse) zum Magnificat der Vesper vom 17. bis 23. Dezember. Heute werden sie zudem in der Messfeier dieser letzten adventlichen Tage als Halleluja-Verse vor dem Evangelium gesungen.

Ohne seinen Namen je zu nennen, deuten die *»Großen Antiphonen«* Christus als Erfüllung alttestamentlicher Verheißungen. Wir erwarten sein Kommen als Weisheit (1), Adonai (2), Wurzel Jesse (3), Schlüssel Davids (4), Aufgang der Sonne (5), König (6) und Immanuel (7). Liest man am siebten und letzten Tag der O-Antiphonen, dem 23. Dezember, die lateinischen Anfangsbuchstaben der sieben Christustitel nochmals in umgekehrter Reihenfolge, so ergibt sich – als Akrostichon im Sinne einer poetisch-theologischen »Zugabe« – die Botschaft »Ero cras« – morgen werde ich da sein. In der so gebündelten Bitte um Jesu Ankunft ist bereits adventlich-leise seine Antwort vernehmbar.

Der Wortlaut im Gotteslob ist die deutsche Übertragung der O-Antiphonen aus der Feder des Mainzer Lehrers und Gesangbuchherausgebers *Heinrich Bone* (1813–1893). Bereits die Liedkommission des alten Gotteslob hat Bones Strophen aus dessen berühmten Gesangbuch »Cantate« (Mainz 1847) um eine neue Rahmung (Strophen 1 und 9) erweitert. Strophe 1 schlägt den Bogen zurück zur Erwartung der Völker. Der letzte Vers blickt voraus auf Jesu endzeitliches Kommen – der ewige Advent im Bild des neuen Himmels und der neuen Erde (Offenbarung 21).

Und die Musik? Hier entschied sich das neue Gotteslob für die sogenannte »Moll-Melodie« des Liedes aus dem 15. Jahrhundert. Bearbeitet und gedruckt begegnet sie uns 1856 bei dem anglikanischen Kirchenmusiker und Theologen *Thomas Helmore*, der in Chelsea gewirkt hat. Diese Musik bringt die freudige Erwartung der Worte bestens zur Geltung, zumal bei den »Freu dich, freu dich«-Rufen des Refrains jeweils die parallele Dur-Tonart aufklingt.

Dieses Lied zu den O-Antiphonen eignet sich nicht nur für Messfeiern ab dem Dritten Advent. Es ist wie geschaffen für Andachten oder die Feier der *Tagzeiten.* Die jeweils passende Antiphon wird von den Strophen 1 und 9 gerahmt. Wichtig sind zudem Lesung und Betrachtung der verheißungsvollen Bibelstellen aus dem Alten Testament, die jeder Antiphon zugrunde liegen. Bei der Einführung des Liedes empfiehlt es sich, dass zunächst Kantor/in oder Schola die Strophen übernehmen und die gesamte Gemeinde dann in den Refrain »Freu dich, freu dich …« einstimmt, der bereits am Sonntag »Gaudete« etwa beim Einzugsgesang oder beim Antwortpsalm als Kehrvers (V/A) erklingen kann.

3
Stern über Betlehem

Der Stern hat sich nicht geirrt,
als er den Fernsten rief, aufzubrechen
zum nahen Gott.

Der Stern hat sich nicht geirrt,
als er den Wüstenweg wies,
den untersten, den härtesten Weg.

Der Stern hat sich nicht geirrt,
als er stehenblieb über dem Haus
der kleinen Leute:
Dort ist die große Zukunft geboren.

Dein Herz hat sich nicht geirrt,
als es sich aufmachte,
den Unbekannten zu suchen.

Dein Herz hat sich nicht geirrt,
als es nicht aufgab
in der sichtlosen Ungeduld.

Dein Herz hat sich nicht geirrt,
als es sich beugte
vor dem Kind.

Klaus Hemmerle

Stern über Betlehem

Gotteslob 261 ö

3. Stern über Betlehem, wir sind am Ziel, / denn dieser arme Stall birgt doch so viel! / Du hast uns hergeführt, wir danken dir, / Stern über Betlehem, wir bleiben hier!

4. Stern über Betlehem, kehrn wir zurück, / steht noch dein heller Schein in unserm Blick, / und was uns froh gemacht, teilen wir aus, / Stern über Betlehem, schein auch zu Haus.

T und M: Alfred Hans Zoller 1963

Such≈Bewegung

Seit 2000 Jahren regt das Christentum die künstlerische Fantasie an: poetisch, bildlich, musikalisch. Zu den besonders inspirierenden Themen zählen der Stern von Betlehem und die Anbetung der Könige an der Krippe. Auch dieses populäre weihnachtliche Lied handelt davon.

Autor von Text und Musik ist *Alfred Hans Zoller* (1928–2006). Er war in Neu-Ulm kirchenmusikalisch tätig. Doch auch die Welt der Tanzmusik und des Dixieland-Jazz mitsamt Big Band kannte er gut, wenngleich die Musik nie sein Hauptberuf war. Zoller war als Vertriebsleiter im Zeitungswesen tätig.

Als im Jahr 1963 sein Lied »Stern über Betlehem« erstmals erklungen ist, waren *»moderne Jugendgottesdienste«* ein aktuelles Thema. Zoller engagierte sich dabei spielend und dirigierend, aber auch komponierend. Wichtige Stichworte hießen damals: aktive Beteiligung der Gemeinde beim Gottesdienst, Glauben im Alltag, Suche nach einer zeitgemäßen religiösen Sprache.

Doch hören wir den *Komponisten* selbst zu seinem Lied: »In vier Strophen wird die singende Gemeinde unmittelbar in das Weihnachtsgeschehen miteinbezogen. Die Gemeinde befindet sich auf der Suche nach der Krippe, nach dem Wunder im Stall, nach dem hellen Schein, der von jener Nacht ausging. Derselbe Stern, der über Betlehem stand, begleitet uns Menschen heute auf unserer Suche, auf dem Weg hin zum Kind. Und mehr noch, dieser Stern kann auch zu Hause scheinen, wenn wir teilen, was uns froh macht.«

Zwei traditionelle Aspekte der Verkündigung des Glaubens kommen zum Tragen: Auslegung und Aneignung. Die *Auslegung* gestaltet Zoller wie ein kleines Gespräch mit dem Stern, gleichsam aufgefächert in die Aspekte des Bittens (1), Staunens (2), Dankens (3) und Hoffens (4). Die *Aneignung* greift, durchaus fantasievoll, eine religiös-philosophische Tradition auf, nämlich das Motiv vom *Hinweg und Rückweg*. Schon die ältesten Legenden zu den Drei Königen machen sich Gedanken, was auf ihrem vom Stern geführten Weg – hin und zurück – alles geschehen sein könnte. Zollers vierte Strophe bleibt schlicht. Mit wenigen Worten umkreist er die für christliches Glauben, Lieben und Hoffen wichtigen Aspekte der Erinnerung, des solidarischen Teilens und der Bewährung im

Alltag. Auch das war ein Impuls aus der Entstehungszeit des Liedes: Religion soll keine sakrale Sonderwelt bleiben, sondern sich »zu Hause« bewähren.

Dem Lied war eine steile Karriere beschieden, und zwar nicht nur innerkirchlich. Im Jahr 2004 kam die Musik unter dem Titel »*She*« sogar in die Charts! In dieser Version des »Dance-Projekt Groove Coverage« ist vom religiösen Gehalt des Original nichts mehr erkennbar. Mit der Kirchenlied-Melodie präsentiert sich erotisierend ein weibliches Idealbild, das immerhin für die Sterne singt und sich von Gott erschaffen fühlt. Doch so ist das mit der Fantasie in der Kunst: Weil sie frei ist, ja frei sein muss, schlägt sie bisweilen über die Stränge. Alfred Hans Zoller hat zu seinem Lied eine recht einleuchtende musikalische Deutung gegeben: »Worte und Töne sind Sprache der Gegenwart. Die Vierzahl regiert das Lied: vier Strophen im Viervierteltakt: jeweils vier Zeilen, die vier Mal jeweils mit einer Synkope abgeschlossen werden – symbolisch, so wie die vier Adventskerzen, als Erinnerung hin zur Weihnacht angelegt.«

4
Du Kind, zu dieser heilgen Zeit

Kleppers Lied entstand in einer für ihn besonders bitteren Zeit, im Dezember 1937. Aus der Reichsschrifttumskammer war er ausgeschlossen; eine Sondergenehmigung erlaubte ihm zwar ein weiteres Publizieren, aber alles, was zum Druck vorgesehen war, musste der Kammer vorgelegt werden, die darüber befand, was dem deutschen Volke zumutbar schien und was nicht.

Wir würden Klepper jedoch gründlich missverstehen, wenn wir die Dissonanzen in seinem Weihnachtslied biographisch interpretieren wollten. Natürlich steckt in diesem Lied wie in jedem seiner Werke auch seine ganze Persönlichkeit und Geschichte. Das Lied trägt unverkennbar Kleppers Handschrift. Aber die »Bitterkeit«, von der die fünfte Strophe spricht, meint nicht persönliche Frustrationen und schon gar nicht das Lebensgefühl eines depressiven Charakters. Nein, hier geht es um eine Bitternis, vor der kein aufrichtiger Mensch die Augen verschließen kann: dass auch all unser guter Wille uns nicht davon erlöst, dass wir selbst »in unseren besten Werken« immer etwas schuldig bleiben, dass es immer Menschen geben wird, die unter uns leiden.

Aber Kleppers Lied ist nicht hoffnungslos. Es blickt weit hinaus auf die Ewigkeit, auf den Tag, da wir »dich von Angesichte sehn« – dann erst, dann aber auch wirklich und endgültig, ist unser Herz von aller Bitterkeit erlöst, und unser Singen von keiner Herzensenge mehr getrübt.

Reinhard Deichgräber

Du Kind, zu dieser heilgen Zeit

Gotteslob 254

3. Die Welt liegt heut im Freudenlicht. / Dein aber harret das Gericht. / Dein Elend wendet keiner ab. / Vor deiner Krippe gähnt das Grab. / Kyrieleison.

4. Wenn wir mit dir einst auferstehn / und dich von Angesichte sehn, / dann erst ist ohne Bitterkeit / das Herz uns zum Gesange weit! / Hosianna!

T: Jochen Klepper [1937] 1938, M: Samuel Rothenberg,

Weihnachts≈Kyrie

Jochen Kleppers Lyrik ist der Inbegriff biblisch inspirierter Dichtung in lutherischer Tradition. Im Dezember 1937 gelingen ihm drei Lieder, von denen zwei besonders bekannt geworden sind. Am 18. Dezember entsteht »Die Nacht ist vorgedrungen«, das bereits im ersten Gotteslob stand. Zwei Tage später dann, am 20. Dezember, »Du Kind, zu dieser heilgen Zeit«.

Beide Lieder werden im September 1938 in Kleppers Liedsammlung »Kyrie« erstmals gedruckt. Die Überschrift unseres Liedes heißt *»Weihnachts-Kyrie«*. Überdies stellt der Autor die biblische Botschaft von der Menschwerdung voran: »Und sie gebar ihren ersten Sohn und wickelte ihn in Windeln und legte ihn ein eine Krippe; denn sie hatten sonst keinen Raum in der Herberge« (Lukas 2,7).

Das Lied besingt – ausgehend von den Credo-Worten »geboren« und »gelitten« – die *Menschwerdung Gottes* umfassend: von der Krippe über das »gähnende Grab« bis zur ewigen Schau »von Angesicht zu Angesicht«, die erst zum Gesang des neuen Liedes »befreit«. Ein Kontrapunkt also zur weihnachtlichen Idylle! Vielleicht gibt es keinen provozierenderen Satz im Gebet- und Gesangbuch Gotteslob als Kleppers Liedzeile »Vor deiner Krippe gähnt das Grab«.

Und doch kennt die *Liturgie* diesen Zusammenhang schon immer. Bereits am Zweiten Weihnachtstag »legt die Kirche die weißen Festgewänder ab« (Edith Stein), um an den ersten Märtyrer Stephanus zu erinnern. Vielleicht ist ja Kleppers Lied, nach einer kurzen Einführung, ein geeigneter Kyrie-Gesang für den Stephanstag? Eine von Kleppers kritischen Zeilen »Die Feier ward zu bunt und heiter, mit der die Welt dein Fest begeht« inspirierte Liedpredigt könnte das noch unterstützen. In der letzten Strophe weitet sich der Ruf um Erbarmen zum »Hosianna«: Herr, hilf doch! Das »Halleluja« jedoch schweigt in diesem Lied, dessen Autor von den Nationalsozialisten mit Schreibverbot belegt war. Die archaisch wirkende Melodie des evangelischen Pfarrers und Musikers *Friedrich Samuel Rothenberg* (1910–1997) kommt den Worten entgegen.

Der aus Schlesien stammende *Jochen Klepper*, 1903 in Beuthen an der Oder geboren, arbeitete vor und nach seinem erfolgreichen

Roman »Der Vater. Roman des Soldatenkönigs« (1937) journalistisch für Printmedien und Rundfunk. Doch bald machte seine Heirat mit der verwitweten Jüdin Johanna Stein-Gerstel (1890–1942) ein berufliches Fortkommen im nationalsozialistischen Deutschland unmöglich. Die Bedrängnis der Eltern mit der jüngeren Tochter Renate, genannt Renerle, aus Hannis erster Ehe – die ältere Tochter Brigitte konnte kurz vor Kriegsausbruch über Schweden nach England ausreisen – wurde so unerträglich, dass sie ihrem Leben in der Nacht vom 10. auf den 11. Dezember 1942 selbst ein Ende setzten. Es war wohl, inmitten aller Schrecken, ein Ende in tiefer Hoffnung auf Vollendung. Jochen Klepper nahm »seine Frau und die jüngste Tochter an der Hand und eilte zu Gott, ehe er sie gerufen hatte. Das war ein Akt des Glaubens: schütze, die ich nicht mehr schützen kann!« (Reinhold Schneider).

In sein *Tagebuch* notiert Klepper am 11. Januar 1938: »Die entscheidende Frage bleibt, ob ich jemals den Weg ins Gesangbuch finde.« Seine Lieder haben diesen Weg gefunden, inzwischen sogar mit ökumenischen Abzweigungen! Ein Dutzend seiner Lieder stehen heute im Stammteil des Evangelischen Gesangbuchs, und ein halbes Dutzend finden wir im katholischen Gotteslob.

5
Gottes Stern, leuchte uns

Die Weisen schauen auf zum Stern
und folgen gläubig seiner Spur,
sie finden durch das Licht zum Licht,
mit Gaben ehren sie das Kind.

Erkenne in den Gaben, Kind,
die Königszeichen deiner Macht,
und was des Vaters ew'ge Huld
dir dreifach hat vorherbestimmt:

Den König kündet an das Gold,
dem Gott steigt auf des Weihrauchs Duft,
doch weist voraus auf Tod und Grab
der Myrrhenkörner Bitterkeit.

Der Vorzeit Väter schauten dich,
dich kündet' der Propheten Mund,
doch heut bezeugt der Vater selbst:
Du bist der Erbe meines Reichs.

In dir, o Kind, wird alles eins,
du bist das A und O der Zeit,
du bist das Haupt der neuen Welt,
in der die Schöpfung sich erfüllt.

Herr Jesu, dir sei Ruhm und Preis,
der du uns heut erschienen bist,
dem Vater und dem Geist zugleich
durch alle Zeit und Ewigkeit. Amen.

Antiphonale zum Stundengebet
nach »Magi videntes parvulum« des Prudentius

Gottes Stern, leuchte uns

Gotteslob 259

T u M: Christoph Biskupek und Oliver Sperling 1998

Stern≈Deuter

Dieses Lied führt uns in den Kölner Dom, näherhin an den berühmten, um das Jahr 1200 von Goldschmieden gefertigten Dreikönigenschrein«. Als Pilgerlied zum Kölner Domjubiläum »750 Jahre Gotischer Dom« ist »Gottes Stern, leuchte uns« im Jahr 1998 entstanden.

Ein *Autoren-Duo* war am Werk: der katholische Priester Christoph Biskupek (geb. 1957), der als Präses der Chöre am Kölner Dom gewirkt hat und heute Pfarrer in Erkrath-Hochdahl ist, sowie der Kölner Domkantor und Leiter des dortigen Mädchenchores Oliver Sperling (geb. 1965).

Die erste Strophe nimmt den Stern sozusagen beim Wort. Die *Gestirne* sind ein Schmuck der Schöpfung. Allein mit seinem machtvollen Wort hat Gott sie erschaffen. Jesus Christus, sein Mensch gewordenes Wort, ruft uns auf den Weg des freudigen Glaubens. Deshalb kommen wir »voll Freude«. Nach dem Rückblick auf den Anfang aller Zeit folgt in Strophe 2 die mit Christi Geburt einsetzende *»neue Zeit«*. Als »die Zeit erfüllt war« (Galater 4,4), sandte Gott seinen Sohn, damit die Zeit der Erlösung neu beginnt. Die menschliche Antwort heißt jetzt, inspiriert von der oftmals bildhaft dargestellten Anbetung der Könige an der Krippe: »... und beten voll Freude«.

Die dritte Strophe offenbart die *trinitarische Gliederung* des gesamten Liedes: Gott, der Schöpfer (1) – Gottes Sohn, das »Menschenkind« (2) – Gottes Geist, »der uns durch die Zeiten lenkt« (3). Wohin lenkt er uns? Das Lied will keine vollmundigen Antworten riskieren. Auch verzichtet es auf Worte wie »ewig«, »selig« oder »himmlisch«. Entscheidend in der dritten Strophe sind, nach den Aspekten Schöpfung und Erlösung, die Worte »Verheißung« und »Vollendung«. Das korrespondiert mit der dritten Antwort »... und glauben voll Freude«. Dieser Glaube lebt aus dem Licht der Schöpfung und der Menschwerdung. Er weiß aber auch von der Finsternis des Kreuzes, die von Jesu Wort »Es ist vollbracht« (Johannes 19,30) überstrahlt wird. Im Kreuz zeigt sich »der Liebe Macht«.

Die originale Liedfassung zum Kölner Domjubiläum 1998 umfasst noch zwei weitere Strophen. Sie beziehen sich auf den Kölner Dom mit Zeilen wie »Gottes Haus, in dem wir stehn, himmlisches

Jerusalem«. Auch der *Dreikönigenschrein* wird besungen: »Der goldne Schrein, der goldne Stern, sie führen uns zu Gott, dem Herrn«. Die menschlichen Antworten am Ende der Strophen reichen somit vom »Kommen«, »Beten« und »Glauben« bis zum »Singen« und »Freude bringen«.

Die Melodie von Oliver Sperling passt bestens zu einem *Pilgerlied,* denn ihr eignet eine schreitende und eine hymnische »Komponente«. Gleichsam zwischen den Notenlinien ergibt sich ein drängender Gestus, weil die anfänglichen Ruhepunkte auf den Halbenoten »Stern« und »uns« seltener werden und immer mehr Achtelnoten die Bewegung antreiben – bis zur Aufforderung »Menschen, höret seinen Ruf«, die zudem die neue Tonart G-Dur ansteuert, was wie ein Doppelpunkt vor der entscheidenden Botschaft wirkt: »Wir haben seinen Stern gesehen …«. Die Spannung entlädt sich in den drei *Schlusstakten.* Auf die staunende Pause folgt eine aufstrebende Achtelkette mit den Tönen der C-Dur-Tonleiter, am Ende noch überboten durch den Spitzenton d auf »Freude«. Die Wiederholung der drei letzten Takte bekräftigt das Bekenntnis zum Stern, der leuchtet, zeigt und leitet.

6
Volk Gottes, zünde Lichter an

Ein Segensritual

Traditionell endete die Weihnachtszeit mit dem Fest Mariä Lichtmess am 2. Februar. Heute nennt es die Liturgie: »Fest der Darstellung des Herrn«.

An diesem Tag werden zu Beginn der Eucharistiefeier Kerzen geweiht und angezündet. Mit ihnen zieht man in die dunkle Kirche und nimmt sie dann am Ende der Feier mit nach Hause.

Segnen Sie die Kerze, die Sie in Ihrer Wohnung entzünden. Segnen heißt, dass Sie Worte sprechen, die das Wesen der Kerze zum Ausdruck bringen. Sie können das mit folgenden Worten tun:

»Barmherziger und guter Gott, segne diese Kerze, die wir am Fest der Darstellung des Herrn anzünden. Ihr Licht möge das Licht Christi in unsere Welt und in unseren Alltag hineintragen, damit wir auch in unserem alltäglichen Tun von deinem Licht umgeben und gesegnet sind. Dein Licht, das in der Geburt Jesu Christi aufgeleuchtet ist, möge unsere Dunkelheit erleuchten. Es möge Licht hineinbringen in unsere Arbeit, damit durch sie die Welt heller wird. Und lass uns in diesem Licht die Wärme deiner Liebe spüren, damit wir in allem, was wir tun und sagen, deine Liebe in diese Welt hinaustragen. So leuchte diese Kerze und erwärme die Kälte unserer Herzen und unserer Welt, durch Jesus Christus, unseren Herrn. Amen.«

Anselm Grün

Volk Gottes, zünde Lichter an

Gotteslob 374

4. Herr, öffne du auch uns den Sinn / für dich und deine Herrlichkeit. / Auf dich lenk unser Sehnen hin, / und dir sei jedes Haus geweiht.

5. Lob sei dem Vater, der uns trägt, / Lob sei dem Sohn, der uns befreit, / Lob sei dem Geist, der uns bewegt, / in jedem Volk, durch alle Zeit.

T: Peter Gerloff (* 1957), M: nach Nürnberg 1676 /1854

Licht≈Feier

Einige neue Lieder im Gotteslob eignen sich besonders gut für jeweils einen bestimmten Tag im Kirchenjahr: »Bleibe bei uns, du Wandrer durch die Zeit« (Ostermontag), »Ein Bote kommt, der Heil verheißt« (Verkündigung des Herrn), »Herr, nimm auch uns zum Tabor mit« (Verklärung des Herrn), und eben auch »Volk Gottes, zünde Lichter an« für das Fest der Darstellung des Herrn am 2. Februar.

Autor all dieser Liedtexte ist *Peter Gerloff* (geb. 1957), der zudem das bereits weithin bekannte Gotteslob-Sonntagslied »Dieser Tag ist Christus eigen« (GL 103) verfasst hat. Die fünf Strophen von »Volk Gottes, zünde Lichter an« besingen erzählend und deutend die Darstellung des Herrn mitsamt den weiteren »Hauptpersonen« Maria und Simeon. Zugleich greift der Beginn der ersten Strophe mit Stichworten wie »anzünden« und »einziehen« den Ritus der Kerzenweihe auf. Was liegt also näher, als dieses Lied mit der Kerzenweihe am 2. Februar zu verbinden? Doch auch bei einem Nachtgebet mit Luzernarium eignet sich das Lied.

Die ersten drei Strophen sind Christus, Maria und Simeon gewidmet. Sie gliedern sich – wie bei vielen Chorälen üblich – jeweils in *Darstellung und Auslegung:* Wenn wir Lichter anzünden, erinnern wir an Christus, das ewige Licht, der als Kind zum Tempel gebracht wird (1); Maria bringt nicht nur Jesus zum Tempel, sondern mit ihm die Erfüllung der alttestamentlichen Verheißungen (2); und Simeon erkennt in diesem Kind, das er auf den Armen hält, das Licht aller Welt (3).

Die vierte Strophe konzentriert sich auf die *persönliche Aneignung*, indem sie Motive aus dem Canticum Simeonis aufgreift: Simeons Augen sehen das Heil, und auch unser Sinn wird geöffnet. Andere Aspekte wie das Opfer und die in der barocken Kirchenmusik oftmals einseitig betonte Sterbebereitschaft, ja Todessehnsucht des greisen Simeon, bleiben hingegen unerwähnt.

Wie aber kommt der Autor auf die Zeile »und dir sei jedes Haus geweiht«? Das *Kommen Jesu* erklingt poetisch-theologisch in etlichen Variationen: Er kommt in den Tempel (damals), wobei »Einziehen« ja für das »kleine Kind«, das hineingetragen wird, eigentlich das falsche Wort ist, zugleich aber wohl an den Palmsonntag erinnern soll. Überdies kommt er zu Simeon und zur »ganzen Welt«. Auch kommt er zu jeder Seele, die ihn ersehnt und seine Wohnung werden will. Und er kommt in jedes Haus, das »ihm geweiht« ist – so klingt die Segnung des Hauses an, wie wir sie heute von den Sternsingern kennen.

Die *Melodie* findet sich anonym erstmals im Nürnbergischen Gesangbuch von 1676; spätestens 1854 wird sie im 6/4-Takt notiert und mit dem Liedtext »O Jesu Christe, wahres Licht« (GL 485) verbunden. Vor allem aber ist sie »mit ihren kleinen Tonschritten und den melodischen wie rhythmischen Wiederholungen leicht zu singen« (Karl Christian Thust). Insgesamt finden wir die doppelte Verwendung von Melodien in katholischen Gesangbüchern deutlich seltener als in evangelischen. Hier aber lässt die inhaltliche Verbindung von »O Jesu Christe, wahres Licht« und »Volk Gottes, zünde Lichter an« dies als recht gelungen erscheinen.

7
Kreuz, auf das ich schaue

Ein Kreuz, das zu sprechen beginnt

»Ich gehe oft in Kirchen, natürlich, wenn sie leer sind. Da ist ein Geruch, der erinnert an die Zeit, die vergeht, da sind Kerzen, da ist eine Stille, das tut immer seine Wirkung, ein leises Ziehen im Bauch.« Im Roman »Meeresrauschen« von Véronique Olmi stehen diese Sätze.

Das Freiburger Münster ist eine solche alte Kirche, deren Raum vielen gut tut. Seit einiger Zeit hängt dort in der Vierung, erhöht, das sogenannte Böcklin-Kreuz. Ein romanisches Kreuz aus dem Ende des 12. Jahrhunderts, gefertigt aus Eichenholz, mit einer Auflage aus getriebenen Silberplättchen; der Körper des Gekreuzigten ist teilweise vergoldet.

An diesem Kreuz hängt kein leidgequälter, von Schmerzen überwältigter Mensch, der uns den Blick eher abwenden ließe. Der Körper des Gekreuzigten steht aufrecht. Arme und Hände sind weit geöffnet, die Wundmale durch Edelsteine hervorgehoben. Das Antlitz des Gekreuzigten strahlt Ruhe aus. Der Mund ist geschlossen; der Blick der Augen wie nach innen gerichtet. Für die Künstler der Romanik geht es bei ihren Christusdarstellungen um den, der in liebender Hingabe das Elend und den Tod der Menschen erlitten und besiegt hat.

Wer vor dem Kreuz verweilt, findet sich unmerklich und ohne eigenes Zutun in einer Beziehung wieder. Ein Perspektivwechsel vollzieht sich: Nicht mehr ich bin nur der Aktive, der betrachtet, wahrnimmt, zu verstehen versucht, sondern die Gestalt, auf die ich schaue, kommt mir gewissermaßen entgegen, beginnt, zu mir zu sprechen. Das ist der eigentliche Bann, der von diesem Kreuz ausgeht. Ich sehe nicht nur, sondern weiß mich angeschaut, ich suche nicht nur, sondern erfahre mich als Gesuchten.

Dietmar Bader

Kreuz, auf das ich schaue

Gotteslob 270 ö

T: Eckart Bücken 1982, M: Lothar Graap 1982

Hoffnungs≈Zeit

Lieder vermögen vieles. Sie klagen und jubeln, bringen Stimmungen und Gesten ins Wort und in Klänge. Dabei schlagen sie – wie auf einer Klaviatur – viele Themen und Bilder an, singen von Gott und den Menschen. Dem neu ins Gotteslob aufgenommenen Lied »Kreuz, auf das ich schaue« könnte man die Überschrift »Betrachtung des Kreuzes am Morgen eines neuen Tages« geben.

Die Annäherung an das *christliche Grundsymbol* vollzieht sich in drei Schritten: zunächst im »Schauen« (Strophe 1), was Nähe und Distanz bedeutet, dann im »Fliehen« als energische Hinwendung zum Kreuz, schließlich im »Gehen« ins alltägliche Leben, getragen von der bleibenden Nähe des Kreuzes.

Wie klingt die Kreuzestheologie? Das Lied widmet sich drei *Spannungen* – fast wie bei der gespannten Saite eines Instruments, die ja auch nur klingt, wenn sie gespannt ist. Die erste Spannung ist die von »Zeichen« und Wirklichkeit. Das Kreuz bringt die Betrachter in die Nähe dessen, der für alle gestorben ist. Sein Name fällt nicht. Vielleicht, weil die Nähe erst behutsam zu erkunden ist. Strophe 2 fragt nach Dunkelheit und Licht. Das Kreuz bleibt dunkel. Es darf nicht vorschnell in einer »Theologia gloriae« aufgehen. Zugleich aber ist und bleibt es Hoffnungszeichen, weil Kreuz und Auferstehung nicht zu trennen sind. Die dritte Strophe ist ein komponiertes Gebet. Kann das Kreuz mir, wenn es dem äußeren Blick entschwindet, dennoch nahe bleiben? Selbst in Momenten des Trauerns und »Zagens«, wie auch Jesus sie gekannt und erlitten hat (Matthäus 26,36)?

Das im Jahr 1982 in Abgrenzung zum Lied »Stern, auf den ich schaue« (EG 407) auf einer ökumenischen Tagung entstandene Lied steht im Gotteslob in der Rubrik »Österliche Bußzeit«. Es passt aber auch zum Fest *Kreuzerhöhung* am 14. September, das im liturgischen Kalender gleichsam umrahmt wird von Gedenken an den heiligen Johannes Chrysostomus (13. September), dem der Leitspruch »Das Kreuz wie eine Krone tragen« zugeschrieben wird, und dem Gedächtnis der Schmerzen Mariens (15. September) mit der überaus häufig vertonten Sequenz »Stabat Mater dolorosa« – Christi Mutter stand mit Schmerzen.

Zwei bekannte protestantische Autoren im Umkreis des Neuen geistlichen Liedes und der musikalischen Jugendarbeit haben dieses ebenso schlichte wie tiefe Lied verfasst. *Eckart Bücken* (geb. 1943) hat als Diakon, Chorleiter und Autor gewirkt, unter anderem in Remscheid. Seine Liedtexte wurden nicht zuletzt durch die Liederbücher Evangelischer Kirchentage bekannt. Bückens bekanntestе Beiträge sind »Gott gab uns Atem, damit wir leben« und »Liebe ist nicht nur ein Wort«.

Lothar Graap (geb. 1933) war als Kirchenmusiker und Komponist u. a. in Cottbus tätig und lebt heute in Schöneiche bei Berlin. Etwa 700 Kompositionen umfasst sein Werkverzeichnis, darunter zahlreiche Orgelwerke und Passionmusiken zu allen vier Evangelien. Beim Lied »Kreuz, auf das ich schaue« wählt er einen ruhigen Duktus. Aufhorchen lässt die Harmonik. Die Grundtonart d erklingt nur beim ersten und letzten Akkord. Die harmonische Öffnung mit A-Dur im Zentrum des Liedes wirkt wie ein Ausrufungszeichen – und erinnert, als Zäsur, zugleich an das betrachtende Innehalten und zur Ruhe kommen beim Psalmengesang jeweils in der Mitte des Verses.

8
Christus ist auferstanden

Wir stehen im Morgen

Wir stehen im Morgen. Aus Gott ein Schein
durchblitzt alle Gräber. Es bricht ein Stein.
Erstanden ist Christus. Ein Tanz setzt ein.
Halleluja.

Ein Tanz, der um Erde und Sonne kreist,
der Reigen des Christus, voll Kraft und Geist,
der Tanz, der uns alle dem Tod entreißt.
Halleluja.

An Ostern, o Tod, war das Weltgericht.
Wir lachen dir frei in dein Angstgesicht.
Wir lachen dich an, du bedrohst uns nicht.
Halleluja.

Wir folgen dem Christus, der mit uns zieht,
stehn auf, wo der Tod und sein Werk geschieht,
im Aufstand erklingt unser Osterlied.
Halleluja.

Am Ende durchziehn wir, von Angst befreit,
die düstere Pforte, zum Tanz bereit.
Du selbst gibst uns, Christus, das Festgeleit.
Halleluja.

Jörg Zink

Christus ist auferstanden

Gotteslob-Eigenteil Freiburg-Rottenburg 799 (ö)

2. Er hat den Tod bezwungen, das Leben uns errungen. / Drum lasst uns fröhlich singen und Halleluja klingen *Kv*

3. Christus ist aufgefahren. Jubelt, ihr Engelscharen. / Drum lasst uns fröhlich singen und Halleluja klingen *Kv*

4. So, wie er aufgenommen, wird er einst wiederkommen. / Drum lasst uns fröhlich singen und Halleluja klingen *Kv*

T: 1. Str.: Friedrich Spee 1623, 2.–4. Str.: AÖL, © by Bärenreiter-Verlag, Kassel, M: Köln 1623

Wohl≈Klang

Unter dem Namen Friedrich Spee von Langenfeld (1591–1635) sind so bekannte Lieder wie »O Heiland, reiß die Himmel auf« und »Zu Betlehem geboren« überliefert. Lebendig ist bis heute zudem die Erinnerung an Spees mutige Kritik am Hexenwahn. Doch auch dieses Osterlied, das in einigen diözesesanen Eigenteilen des Gotteslob steht, wird gern gesungen.

Die Spur des Liedes führt nach *Köln.* Dort nämlich erschien 1623, zur Zeit des Dreißigjährigen Krieges, Spees Liederbuch unter der Überschrift »Auserlesene, Catholische, Geistliche Kirchengesäng«. Leider ist dieser Druck mit vielen Liedern seit etwa 1900 verschollen. Der Inhalt, zu dem unser Osterlied zählt, lässt sich jedoch weitgehend aus anderen Quellen erschließen.

Die *Autorschaft* bleibt bei allen unter Spees Namen überlieferten Liedern ungewiss. Bei »Christus ist auferstanden« sprechen die klare Struktur und die klangvollen Reime ebenso für Spee als Verfasser wie die poetische Mischung aus lateinischer und deutscher Sprache, die durch das hebräische »Halleluja« gleichsam bekrönt wird. Allerdings stammt wohl nur die Eingangsstrophe von Spee. Die weiteren Strophen sind eine gelungene Ergänzung durch die Arbeitsgemeinschaft für Ökumenisches Liedgut aus dem Jahr 1983.

Geradezu freudig springt die Eingangsstrophe in das Osterthema hinein. Die Auferstehung ergreift »alle Lande«, mitsamt unserem Gesang hier und heute! Dabei leihen wir uns Worte und Klangfarben aus dem *Alten Testament;* nicht nur den Jubelruf »Halleluja«, sondern auch die »wohlklingenden Zimbeln« aus Psalm 150, dem fulminanten Schlussakkord des Psalters. Im fünften Vers heißt es dort: »Laudate eum in cymbalis bene sonantibus, laudate eum in cymbalis iubilationis« – Lobt ihn mit wohlklingenden Zimbeln, lobt ihn mit jubilierenden Zimbeln.

Die weiteren Strophen des schwungvollen Liedes entfalten den österlichen Kern in *drei Variationen:* Die Auferstehung ist des Todes Tod und somit unser Leben (Strophe 2). Ihre Dynamik reicht vom nicht eigens erwähnten Höllenabstieg des Karsamstags bis zur Himmelfahrt 40 Tage nach Ostern, wobei auch die Engel in den Osterjubel einstimmen (Strophe 3). Und schließlich ist selbst die

Wiederkunft Christi am Ende aller Tage in österliches Licht getaucht, was den hier durchaus angebrachten Gerichtsgedanken etwas zurückdrängt – ähnlich, wie wenn im »Exultet«, der Lichtdanksagung in der Osternacht, sogar die »felix culpa« (glückliche Schuld) besungen wird.

Die *Musik* ist mit ihren Wiederholungen, markanten Punktierungen und schlagwerk-typischen Tonrepetitionen auf einen heiter-österlichen »Grundton« gestimmt. Viele Variationen bieten sich an beim Singen und beim Spielen! So kann ein Kinder- oder Kirchenchor die Vorsängeraufgaben am Anfang jeder Strophe übernehmen. Und wenn die straffe und gut akzentuierte Orgelbegleitung noch durch Klatschen oder mit Schlaginstrumenten unterstützt wird, verfehlt dieses Lied gewiss nicht seine österliche Wirkung.

9
Gen Himmel aufgefahren ist

aufgefahren in den Himmel

nicht der Baum der Erkenntnis
nur das Kreuz
wächst in den Himmel

und alle Tränen
aus überlangen Menschennächten
tauen nach oben

keine Wunde der Welt
wird vergessen
oder schöngeredet

und das Glück der Liebe
versandet nicht einfach
in der Wüste des Todes

vielmehr findet
alles Gelebte nach Hause
wie in eine geheime Heimat

wo zwischen zerbrochenen Muschelschalen
die kostbare Perle
für immer leuchtet

denn allem Vergehenden öffnet sich
gewährender Raum
für die bleibende Wahrheit

Andreas Knapp

Gen Himmel aufgefahren ist

Gotteslob-Eigenteil Freiburg-Rottenburg 809 ö

4. Drum jauchzen wir mit großem Schalln, / Halleluja, / dem Herren Christ zum Wohlgefalln. / Halleluja.

5. Der Heiligen Dreieinigkeit, / Halleluja, / sei Lob und Preis in Ewigkeit. / Halleluja.

T: bei Bartholomäus Gesius 1601 nach »Coelos ascendit hodie«, 16. Jh.,
M: Melchior Franck 1627

Auf≈Schwung

»Mehr als Worte sagt ein Lied.« Und bei diesem Lied zu Christi Himmelfahrt gilt sogar: Mehr als Worte sagt ein Ton! Der »sprechende Ton« ist der vorletzte in der ersten Zeile. Er will höher hinaus, als die Tonart es vorgibt. Doch das ist nicht die einzige musikalische Besonderheit.

Der *Beginn* klingt ungewöhnlich. Die Singenden starten nicht »volltaktig«, also »auf der Eins« des Anfangstaktes. Aber auch nicht »auftaktig«, indem der vollen Zählzeit ein oder zwei Noten sozusagen vorgeschaltet sind. Nein, dieses Lied setzt »quasi mitten im Lauf« (Christa Reich) ein. Es hat schon Fahrt aufgenommen, bevor der Gesang mit drei Viertelnoten einsetzt, die jedoch nicht vom Grundton ausgehen, sondern ihn anstreben.

Die erste Zeile beschreibt melodisch eine *Tonleiter,* deren vorletzter Ton überdies um einen Halbton erhöht ist. Der Zielton zieht die Melodie so stark nach oben, dass das für die Tonart F-Dur korrekte »b« aus dem harmonischen Gleis springt und zum »h« wird. Gleich darauf löst sich die Spannung der Anfangstonleiter in einem noch höher einsetzenden »Halleluja«, das über einen punktierten Rhythmus zur Ausgangstonart zurückfindet. Dann folgt eine Tonleiter, die bis auf einen Ton der ersten entspricht, nun aber von oben nach unten! Und der letzte Ton c – zugleich der Anfangston des Liedes – gehört bereits zum abschließenden »Halleluja«, das mit einem energischen Quartsprung anhebt.

Diese wunderbare Melodie ist eine geschliffene Miniatur. Geformt hat sie der Komponist *Melchior Franck* (1579–1639). Er war Schüler von Hans Leo Haßler und hat in Coburg als Kapellmeister des Prinzen Johann Casimir gewirkt. Ein ähnlich markanter musikalischer Einstieg gelang ihm beim Lied »Jerusalem, du hochgebaute Stadt« (GL 553 ö), das mit einer fanfarenhaften Dreiklangsmelodie beginnt. Beim Himmelfahrtslied sind überdies die beiden verschiedenen Taktarten bemerkenswert: Die erzählend-bekennenden Abschnitte stehen im 6/4-Takt, die beiden Halleluja-Rufe jedoch im 3/2-Takt. Dadurch setzt das Halleluja jeweils etwas füher ein, als man es erwartet. Der österliche Jubelruf drängt sich geradezu ins Lied hinein.

Der deutsche Text ist erstmals im Jahr 1601 greifbar und stammt vermutlich von dem damals in Frankfurt an der Oder tätigen Kantor, Lehrer und Komponisten Bartholomäus Gesius (1562–1613). Als Vorlage wählt Gesius den lateinischen Gesang *»Coelos ascendit hodie«* aus dem 14./15. Jahrhundert. So glückt ihm die stimmige Verbindung gleich mehrerer typischer »Kmponenten« für deutsche Kirchenlieder: das Alte Testament mit den Psalmen 47, 68 und 110 (Strophe 3), das Neue Testament mit der Erzählung von Christi Himmelfahrt aus dem ersten Kapitel der Apostelgeschichte, schließlich die Liturgie mit dem biblisch fundierten »Halleluja« sowie dem Gesang »Coelos ascendit hodie«; und nicht zu vergessen das Credo, weil dessen zweiter, von Jesus Christus handelnder Artikel hier ausschnittweise in Liedform präsentiert wird.

»Rex gloriae« – der Ehren König – ist gleich in Strophe 1 »der neue Name, der Christus nach seiner Auffahrt im Himmel zuteil wird« (Hermann Ühlein). Er stammt aus Psalm 24 und begegnet uns auch im Gesang des Te Deum sowie in der Formulierung »He is the King of Glory« in Georg Friedrich Händels »Messias«.

10
Geist der Zuversicht, Quelle des Trostes

Schöpfer Geist, im Anfang schwebtest du über dem Wasser, komm und wohne in uns.

Schöpfer Geist, durch deinen Hauch haben alle Geschöpfe ihr Leben empfangen.

Heiliger Geist, du hast die Propheten erleuchtet und ihnen eingegeben, Zeugnis abzulegen für Gottes Wort.

Heiliger Geist, du hast die Jungfrau Maria vorbereitet, die Mutter des Herrn zu werden.

Heiliger Geist, du bist am Tag der Taufe auf Jesus herabgekommen.

Heiliger Geist, du hast Jesus in die Wüste geführt,
du hast ihm beigestanden, als er das Reich Gottes verkündete.

Heiliger Geist, Jesus hat uns verheißen, dass du immer mit uns und in uns sein wirst.

Heiliger Geist, du bist auf die Jünger herabgekommen und hast sie zu einer neuen Gemeinschaft, zu der Kirche versammelt.

Heiliger Geist, durch dich wurden wir zum Leben der Kinder Gottes geboren.

Heiliger Geist, du machst uns zu lebendigen Zeichen der Gegenwart Gottes.

Heiliger Geist, du betest in uns.

Litanei aus Taizé

Geist der Zuversicht, Quelle des Trostes

Gotteslob 350

T: unbekannt, M: Jacques Berthier (1923–1994), Gesang aus Taizé

Pfingst≈Kanon

Das kleine Dorf Taizé in Burgund ist seit den 1940er-Jahren, als Frère Roger (1915–2005) dort Brüder um sich scharte und ihnen eine Ordensregel gab, ein spirituelles Zentrum mit großer Ausstrahlung vor allem auf Jugendliche. Und was den Namen Taizé in alle Welt trägt, ist nicht zuletzt die Musik.

Taizé, das meint: Vertrauen zum liebenden Gott, praktizierte Nächstenliebe, ökumenische Gesinnung, persönliche Bescheidenheit und Konzentration auf das Wesentliche. Vieles davon ist in den *Taizé-Gesängen* spürbar. Sie sind textlich auf das Wesentliche konzentriert, melodisch schlicht und harmonisch eingängig. Der zweistimmige Kanon »Geist der Zuversicht, Quelle des Trostes« wird in Taizé auf Italienisch und in sieben weiteren Sprachen gesungen.

Ein geradezu pfingstliches Klangbild! Textliche Vorlage ist der berühmte Anfang des lateinischen Hymnus *»Veni Creator Spiritus«* aus dem 9. Jahrhundert. Dieser Pfingsthymnus wird Hrabanus Maurus zugeschrieben, der Abt des Klosters Fulda und später Erzbischof von Mainz war. Sein wahrhaft geistlicher Gesang zählt zu den kostbarsten geistlichen Texten des Christentums.

Die *deutsche Fassung* des italienischen Originals »Vieni Spirito creatore« kann das zweisilbige »Vie-ni« nicht wörtlich übernehmen. Die richtige Übersetzung »Komm« passt rhythmisch nicht, weil sie aus nur einer Silbe besteht. Wohl deshalb bringt die deutsche Fassung noch weitere Facetten des Heiligen Geistes ins Spiel: der Geist schenkt »Zuversicht« und »Trost«, zudem »Heiligkeit« und »Freiheit«. All das sind biblische Worte. »Herr, mein Gott, du bist ja meine Zuversicht« heißt es in Psalm 71,5. Den »Tröster-Geist« (Paraklet) verheißt Jesus in seinen Abschiedsreden des Johannesevangeliums: »Der Beistand [Tröster] aber, der Heilige Geist, den der Vater in meinem Namen senden wird, der wird euch alles lehren und euch an alles erinnern, was ich euch gesagt habe« (Johannes 14,26). Die zweite Strophe des »Veni Creator Spiritus« beginnt mit den Worten »Qui diceris Paraclitus« – Der du der Tröster wirst genannt.

Mit »komm und stärke uns« wird das originale »Vieni!« dann nachgeholt und in Verbindung mit einer der Sieben Gaben des

Heiligen Geistes gebracht: der Geist der *Stärke*. An seiner Heiligkeit hat die »eine, heilige, katholische und apostolische Kirche« (Credo) Anteil, aber auch jeder Christ. Warum aber ist er der »Geist der Freiheit«? Dazu müssen wir nochmals das *Johannesevangelium* aufschlagen. Denn dort kündigt Jesus den »Geist der Wahrheit« (Johannes 15,26) an, was sich verbinden lässt mit Jesu Wort beim vierten Evangelisten 8,32: »Die Wahrheit wird euch frei machen«.

Die Gesänge aus Taizé sind komponierte Gebete. Die meisten stammen aus der Feder des Organisten und Kirchenmusikers *Jacques Berthier* (1923–1994), der den typischen Taizé-Gesang kreiert hat. Mehr als 250 solcher Stücke – in schlichter Mehrstimmigkeit, auch mit Instrumentalstimmen und vokalen Überstimmen – stammen aus seiner Feder. Sein Grundsatz hieß, dass diese Gesänge für professionelle Musiker wie für einfache Sängerinnen und Sänger verständlich und reizvoll sein müssen. Die musikalische Erfolgsgeschichte von Taizé beweist, wie sehr das gelungen ist!

II
SINGEN IM GOTTESDIENST
Morgenlob bis Abendlied

Im Hymnus, im Lobgesang, erfährt der Mensch etwas von seiner Bestimmung: aufrecht zu stehen, frei zu atmen und mit Stimme, Denken, Fühlen, Wollen und Sein hinzuweisen auf Den, der ihn gemacht hat – und dies alles zusammen mit dem Menschen neben ihm. Im gesungenen Lob leuchtet eine Wahrheit auf, die auf andere Weise wohl nicht »erkannt« werden kann. Vielleicht ist ihre Leuchtkraft dort am stärksten, wo der Lobgesang aus der Tiefe kommt – und das geschieht wohl meistens gar nicht einmal in der Kirche.

Zutrauen zum erklingenden Wort – im Lobgesang kann man es lernen. Dieser Lobgesang ist kein Triumphlied. Er wird dann falsche Töne haben, wenn er über diese Welt hinweg- oder an ihr vorbeisingt. Allgegenwärtig ist in dieser Welt das Antlitz des Hiob. Jahrhundertelang war Hiob der Schutzpatron der Musik – nicht Cäcilia. Dann wurde diese Tradition vergessen. Und doch hat sie eine tiefe Wahrheit. Lobgesang des Glaubens wird da laut, wo wir den Hiob neben uns sehen und in seinem Antlitz das Antlitz des Gekreuzigten und Auferstandenen erkennen.

Christa Reich

11
Danke für diesen guten Morgen

Danke

Danke, Herr, danke!
Dank für alle Geschenke, die Du mir heute angeboten hast, Dank für alles, was ich gesehen, gehört und empfangen habe.
Dank für das Wasser, das mich wachgemacht hat, für die Seife, die so gut riecht, für die erfrischende Zahnpasta.
Dank für die Kleider, die mich bedecken, für ihre Farbe und für ihren Schnitt.
Dank für die prompt zugestellte Zeitung, für die spannende Geschichte darin, für den lächelnden Morgen, für die ernsten Konferenzen, die fortgesetzt werden, für die mir erwiesene Gerechtigkeit und für das gewonnene Fußballspiel.
Dank für meine Arbeit, mein Werkzeug, meine Kräfte.
Dank für Jakob, der mir seine Feile geliehen hat, für Fritz, der mir eine Zigarette geschenkt hat, für Karl, der mir die Tür aufgehalten hat.
Dank für jeden »Guten Tag«, den mir einer gewünscht hat, für jeden Händedruck, den ich gegeben habe, für jedes Lächeln, das mir geschenkt wurde.
Dank für die Zeit, die Du mir geschenkt hast.
Dank für das Leben.
Dank für die Gnade.
Dank für das Dasein, Herr.
Dank, dass Du mich hörst, dass Du mich erst nimmst, dass Du mit Deinen Händen in Empfang nimmst die Garbe meiner Geschenke, um sie Deinem Vater darzubringen.
Dank, Herr.
Danke.

Michel Quoist

Danke für diesen guten Morgen

Gotteslob-Eigenteil Trier 702

4. Danke für manche Traurigkeiten, / danke für jedes gute Wort. / Danke, dass deine Hand mich leiten will an jedem Ort.

5. Danke, dass ich dein Wort verstehe, / danke, dass deinen Geist du gibst. / Danke, dass in der Fern und Nähe du die Menschen liebst.

6. Danke, dein Heil kennt keine Schranken, / danke, ich halt mich fest daran. / Danke, ach Herr, ich will dir danken, dass ich danken kann.

T und M: Martin Gotthard Schneider (1961) 1963

Hit≈Parade

Wochenlang in der Hitparade und mehrere 100 000 verkaufte Single-Schallplatten. Übersetzt in 25 Sprachen. Nicht jedem Lied gelingt das. »Danke« aus der Feder des Freiburger Hochschulprofessors, Theologen und Landeskantors Martin Gotthard Schneider (1930–2017) hat es geschafft.

Ein »Alltagslied« sollte es von Anfang an sein, kein Festchoral! *Martin Gotthard Schneider*, der Autor von Text und Musik, hat beim Komponieren eher an Jugendgruppen oder den Religionsunterricht gedacht, als an die Liturgie der Gemeinde. Ein Lied also für jeden Tag, weil kein Tag ohne Dank und Gotteslob bleiben soll. So heißt es schon im Neuen Testament: »Dankt Gott für alles« (Epheser 5,20). Das Lied mischt Alltägliches wie die »Arbeitsstelle« und das »kleine Glück« mit Besonderem, etwa Jesu Botschaft von der Feindesliebe. Und wie könnte man den lutherischen Grundsatz »allein durch die Gnade« (sola fide) im populären Tonfall besser zur Geltung bringen als mit der Schlusszeile: »… ich will dir danken, dass ich danken kann«?

Schneiders direkte Inspirationsquelle war ein schlichtes Gebet des französischen Arbeiterpriesters *Michel Quoist* (1921–1997). Dessen spirituelles Buch »Prières« war um 1960 mit weltweit über zweieinhalb Millionen verkauften Exemplaren überaus populär. Die deutsche Ausgabe erschien unter dem Titel »Herr, da bin ich«. Nicht weniger als 32 alltägliche Anlässe zum Danken zählt Quoist hier auf, von der Zahnpasta bis zum freundlichen Händedruck. Der Glaube soll in die Alltagswelt gleichsam hineinbuchstabiert werden. Es geht, nun mit Martin Gotthard Schneiders Worten, um »einfache Sätze, die aber Raum bieten für eigenes Nachdenken, sich sozusagen füllen lassen«.

Das »Danke«-Lied errang beim *Wettbewerb* der Evangelischen Akademie Tutzing für neue religiöse Lieder im Jahr 1961 den ersten Platz. Dennoch ließen manche akademische Fachleute kein gutes Haar daran: platt, untheologisch, ja kitschig sei dieser religiöse Schlager in Wort und Ton. Aus der historischen Distanz aber wird klar, dass der Freiburger Kirchenmusiker damals den richtigen Ton getroffen hat. Und bis heute zählt »Danke« ja zu den Liedern, die von jung und alt gesungen werden.

Dass sie für viele Anlässe weiter gedichtet werden, ist ein Kennzeichen populärer Lieder seit jeher. Also auch: »Danke für diese Abendstunde …«. Sogar mehr oder weniger geglückte *Parodien* finden sich im Internet, worüber man schmunzeln oder den Kopf schütteln kann. Nicht bestreiten lässt sich indess, dass das »Danke«-Lied nun zur Geschichte der Kirchenmusik gehört, nämlich in das Kapitel »Geistlich-populär«.

Den Autor aber sollte man nicht auf diesen einen Hit reduzieren. Martin Gotthard Schneider war über Jahrzehnte als Chorleiter und Dirigent, als Organist und Pädagoge eine der vielseitigsten Persönlichkeiten im Musikleben der Stadt *Freiburg*. Höchst inspiriert und inspirierend waren seine Improvisationen an der Orgel – nicht nur über »B-a-c-h«, sondern auch über das regionale Thema »b.a.dis.c.h« – oder seine Kunst, ein Offenes Singen nicht nur kreativ, sondern auch unterhaltsam zu leiten. Zu Schneiders künstlerisch-religiösem »Credo« gehört der schöne Satz: »Christlicher Glaube muss auch über den innerkirchlichen Bereich hinaus Menschen erreichen.« Mit »Danke« ist ihm das gelungen.

12
Meine engen Grenzen

Der Vorwurf, warum ich als »ordentlicher« Kirchenmusiker in die Niederungen des Sacro-Pop herabsteige, zeigt ein Missverständnis meines Anliegens auf. Mir geht es nicht um ein »Mitmischen« in irgendwelchen Niederungen, mein Grundanliegen ist vielmehr, einen Beitrag zu einer gewissen »ungezwungenen Religiosität« zu leisten – einfache, folkloristische und swingende gottesdienstliche Lieder in modernen Arrangements zu schreiben, die aber Qualität mitbringen. Besonders wichtig sind mir dabei ein guter, leichter Chorsatz und die Beteiligung der Gemeinde. Bei der geforderten Einfachheit möchte ich keine Banalitäten liefern.

Ich beschäftige mich mit dieser Art von Musik, weil es mir Freude macht, neue Melodien und Arrangements zu erfinden, und es nicht sein darf, dass in der Kirchenmusik nur die tradierte Musik »salonfähig« ist. Ich will erreichen, dass mit Hilfe der neuen geistlichen Lieder sowohl eine zeitgemäße Gottesdienstgestaltung und Gottesverehrung als auch eine adäquate Ansprache des heutigen Menschen möglich werden. Dies alles ist aber erst möglich, wenn Textvorlagen zur Verfügung stehen, die auch ihrerseits solchen hinsichtlich des eigenen Komponierens gesetzten Ansprüchen genügen. Derartige Vorlagen habe ich vor allem bei Arnim Juhre, Helmut Schlegel, Wilhelm Willms, Lothar Zenetti, Kurt Marti und Eugen Eckert gefunden. Eugen Eckert ist auch der Textautor meiner Liedkomposition aus dem Jahr 1981: »Meine engen Grenzen«.

Winfried Heurich

Meine engen Grenzen

Gotteslob 437 ö

2. Meine ganze Ohnmacht, / was mich beugt und lähmt, bringe ich vor dich. |: Wandle sie in Stärke; / Herr, erbarme dich. :|

3. Mein verlornes Zutraun, / meine Ängstlichkeit, bringe ich vor dich. |: Wandle sie in Wärme; / Herr, erbarme dich. :|

4. Meine tiefe Sehnsucht / nach Geborgenheit bringe ich vor dich. |: Wandle sie in Heimat; / Herr, erbarme dich. :|

T: Eugen Eckert 1981, M: Winfried Heurich 1981

Grenz≈Erfahrung

Lieder erzählen Geschichten, oft freudig und manchmal klagend. Hier stehen menschliche Grenzerfahrungen im Mittelpunkt. Denn der Autor Eugen Eckert besingt, was er erlebt hat. Und er hofft auf eine »Wandlung«. Dabei hilft ihm der alte Kyrie-Ruf »Herr, erbarme dich«.

Einen Abschnitt mit Liedern der *»Bitte und Klage«* gab es im alten Gotteslob noch nicht. Das neue Gebet- und Gesangbuch bringt hier sechs Lieder und Gesänge. Warum? Musik aller Epochen kennt Worte und Klänge auch für dunkle Situationen. Viele Psalmen etwa sind gesungene Gebete gegen das verzweifelte Verstummen. Sie greifen Erfahrungen auf und suchen nach einer neuen Perspektive. So heißt es in Psalm 4: »Da mir eng war, hast du mir's weit gemacht.«

Eugen Eckert (geb. 1954) hat in den letzten Jahrzehnten Hunderte von Texten zu neuen Liedern und Kantaten verfasst. In Frankfurt wirkt er als Seelsorger für Studierende und als Stadionpfarrer der Commerzbank-Arena. Als er die vier Strophen dieses Liedes schrieb, war er Sozialarbeiter in einem Wohnheim für vierzehn- bis achtzehnjährige Mädchen aus schwierigen oder zerstörten familiären Verhältnissen.

Bei dieser gesellschaftlich oftmals unterschätzten Arbeit stieß Eckert oft an seine Grenzen und war mit seinem »Latein am Ende«. Ein Leben mit Grenzerfahrungen. Und mit *Ohnmacht,* als er etwa den Suizid eines ihm als Bezugsperson anvertrauten Mädchens nicht verhindern konnte. Warum hat er dennoch zehn Jahre durchgehalten? »Weil ich ein Stück Zuhause-sein-Können und Nestwärme-Haben auch im Heim vermitteln wollte«. Die »tiefe Sehnsucht nach Geborgenheit« – die fremde wie die eigene – spiegelt sich gleichsam in seinem Lied (Strophe 4).

Der Komponist *Winfried Heurich* (geboren 1940) war Kirchenmusiker im Bistum Limburg. Mit Eugen Eckert hat er schon Ende der 1970er Jahre zusammengearbeitet. Heurichs Melodie zu »Meine engen Grenzen« ist ebenso schlicht wie eindringlich. Die ersten beiden Takte, die jeweils Erfahrungen des Verlusts benennen, führen fast resignativ in die Tiefe. Dann aber folgt ein *belebter Rhythmus:* das gebethafte »bringe ich vor dich« schlägt melodisch die hoffende Richtung nach oben ein, indem es, ganz dialogisch, die Worte »ich« und »dich« betont. Und nach der Bitte um »Wandlung« – in Weite, Stärke, Wärme und Heimat – löst sich die Spannung im Kyrie-Ruf »Herr, erbarme dich«. Die große melodische Geste über eine ganze Oktav hinweg wirkt beruhigend. Alles dürfen wir vor Gott bringen.

Lieder erzählen nicht nur *Geschichten.* Denn ginge es allein um den Autor und seine persönlichen Erfahrungen, bräuchten wir dieses Lied kaum im Gotteslob. Eugen Eckert hat seine Worte aber so formuliert, dass alle, die das Lied singen, ihre eigenen Erlebnisse, Fragen und Perspektiven eintragen können: Was bringe ich heute vor Gott? Und warum? Mit welchen Ängsten und Hoffnungen? Der Autor gibt auf solche Fragen eine Antwort, die wohl vielen aus dem Herzen spricht: »Ich tue dies, weil ich der Macht Gottes zutraue, mit meiner Ohnmacht fertig zu werden, sie zu wandeln, mir neue Dimensionen für mein Leben, für meine Hoffnung und meinen Glauben zu eröffnen.«

13
Jesus Christus, guter Hirte

Jesus-Namen

Woher, glaubst du, rührt auf dem ganzen Erdkreis dieses so große und so plötzliche Licht des Glaubens, wenn nicht von dem verkündeten Jesus? Hat uns nicht Gott im Glanz dieses Namens in sein wunderbares Licht gerufen (1 Petrus 2,9)?

Aber nicht nur Licht ist der Name Jesus, nein, er ist auch Nahrung. Fühlst du dich nicht jedes Mal gestärkt, sooft du seiner gedenkst? Was kräftigt in gleicher Weise das Herz dessen, der an ihn denkt? Was erquickt so die gequälten Sinne, stärkt die Tugenden, belebt die guten und ehrenhaften Sitten und hegt die keuschen Neigungen? Trocken ist jede Seelenspeise, wenn sie nicht mit diesem Öl übergossen wird; sie ist ohne Geschmack, wenn sie nicht mit diesem Salz gewürzt wird. Wenn du etwas schreibst, schmeckt es mir nicht, wenn ich darin nicht den Namen Jesu lese. Wenn du über etwas sprichst oder einen Gedanken darlegst, schmeckt es mir nicht, wenn darin nicht der Name Jesus erklingt. Jesus ist Honig im Munde, Gesang im Ohr, Jubel im Herzen.

Der Name ist aber auch Arznei. Ist jemand von uns traurig? Kommt Jesus in sein Herz und dringt hierauf als Arznei in seinen Mund, siehe, dann löst sich, wenn das Licht des Namens aufgeht, jede Wolke auf, und Heiterkeit kehrt zurück.

Bernhard von Clairvaux

Jesus Christus, guter Hirte

Gotteslob 366

T: Adelgart Gartenmeier 1997, M: Kamilla Usmanova 2008

Jesus≈Namen

Zwei Autorinnen spüren in diesem Lied einigen Namen für Jesus nach. Manche davon stammen aus dem Umkreis der »Ich bin«-Worte Jesu, wie sie das Johannesevangelium im 10. Kapitel überliefert. Der »spirituelle Grundton« heißt Betrachtung – ein Thema mit vielen Variationen.

Den Liedtext schrieb die Franziskanerin *Adelgart Gartenmeier* (geb. 1934). Sie war in München als Lehrerin tätig. Seit einigen Jahren ist sie Geistliche Begleiterin im Priesterseminar Augsburg. Von der 1978 in Usbekistan geborenen Komponistin *Kamilla Usmanova* – sie hat Komposition in Taschkent und Kirchenmusik in Köln studiert – stammt die hymnische und durch die Kirchentonart auch etwas archaische Melodie.

So erstaunlich es scheinen mag: Die beiden Autorinnen sind sich nie persönlich begegnet. Ganz unabhängig voneinander haben sie für das neue Gotteslob Wortlaut und Melodie eingereicht. Die »Arbeitsgruppe Lieder« hat beides geprüft und den Vorschlag zur Verbindung von Wort und Ton gemacht. Eine gute Entscheidung! Unser Lied hat ein einziges Thema. Es geht um Jesus Christus, dessen *Namen* in Variationen entfaltet werden. Das »biblische Vorzeichen« vor den Variationen heißt »johanneisch«. Denn fast alle der etwa zehn Namen für Jesus, die wir hier besingen, stammen aus dem vierten Evangelium.

Die erste Strophe setzt mit der Symbolik von Hirte und Lamm ein, vermeidet aber das geläufige Bild von den Schafen. Jesus sucht und trägt nicht nur die Lämmer, sondern er wird am Kreuz selber zum *Opferlamm* für alle, die sich verirrt haben. Im Hintergrund steht die »Hirtenrede« aus dem 10. Kapitel des Johannesevangeliums. Die zweite Strophe öffnet sich wie eine Landschaft. Unter dem freien Himmel zeigen sich Baum und Strom, Weg und Weinstock. Jedes dieser Worte bleibt »natürlich« und gewinnt zugleich symbolische Bedeutung. Der Baum ist der österliche »Baum des Lebens«, der »Strom des Heiles« erinnert an die Taufe, der »edle Weinstock« an das Abendmahl. Jesus »kennt die Seinen«, was sich wiederum auf das Bild vom Guten Hirten bezieht. Das negative Gegenbild aus dem Evangelium bleibt im Hintergrund: Diebe können einbrechen, um die Schafe zu rauben.

Die dritte Strophe spannt einen Bogen vom unvordenklichen Anfang bis zu jener *Zukunft,* die wir nur ahnen können. Niemand kann weiter zurückdenken als bis zum allerersten Anfang: Christus geht aus dem Vater hervor »vor aller Zeit«. Der Prolog des Johannesevangeliums besingt ihn als das Fleisch gewordene »Wort des Vaters«. Das letzte Buch im Neuen Testament, die Offenbarung des Johannes, bringt die äußerste Zukunft ins Spiel, ja beschwört sie geradezu. Der Seher auf Patmos schaut visionär die himmlische Stadt Jerusalem. Ihre Leuchte, wenn Sonne und Mond ausgedient haben, ist Christus selbst.

Ein letztes Motiv noch: die *Stimme.* Die Schafe hören des Hirten Stimme und folgen ihm. Seine Wege werden zu unseren Wegen. Und besser lässt sich die Nachfolge Christi kaum beschreiben. Dieses Lied ist »beim Betrachten entstanden«, so die Textautorin. Drei Strophen als poetische und komponierte Meditation. Das braucht Zeit. Denn ebenso wichtig wie das Singen sind bei diesem Lied die nachdenklichen Pausen. Bei einer Anbetung etwa können Orgelklänge und Bilder, Bibelworte und Schweigen den Gesang begleiten.

14
Also sprach beim Abendmahle

Du teilst es aus

Du teilst es aus mit deinen Händen
an uns, das immer neue Brot,
dass wir das Leben darin fänden,
das überwindet noch den Tod.

Das ist mein Leib, das ist mein Leben,
das bin ich selbst, an euch verschenkt.
Das will ich euch als Zeichen geben,
damit ihr immer an mich denkt.

Das ist mein Blut, für euch geflossen,
im Tod hab ich mein Werk vollbracht.
Für immer ist der Bund geschlossen,
der euch zum Volke Gottes macht.

Du schenkst uns ein das Blut der Trauben,
den Kelch mit bittersüßem Wein.
Herr, mach uns darin eins im Glauben,
und lass uns deine Zeugen sein.

Lothar Zenetti

Also sprach beim Abendmahle

Gotteslob 281

2. Seht, wie ich, der Herr, euch liebe, / liebt der Vater euch durch mich; / wie mit euch Geduld ich übe, / so erbarmt der Vater sich, / dass ihr alle in mir bleibet, / unter euch verbunden seid, / aus dem Weinstock Reben treibet, / Früchte bringt zur rechten Zeit!

3. Ich bin euer Weg geworden, / der allein zum Heil euch führt, / schloss euch auf des Himmels Pforten / und bin euch der Gute Hirt. / Bleibt in dem, was ich verkündet, / was euch meine Kirche weist, / dass die Liebe euch verbündet, / bleibt geeint in meinem Geist!

4. Ich hab euch mein Wort gegeben, / dass ihr meine Freunde seid, / eines Glaubens seid im Leben, / einer Hoffnung in der Zeit. / Wie der Vater mich gekrönet, / eins mit mir in Herrlichkeit, / seid auch ihr, mit ihm versöhnet, / herrlich, wenn ihr einig seid.

T: Georg Thurmair 1963, M: nach Bamberg 1732, Augsburg 1800

Liebes≈Gebot

Wer dieses Lied im Gotteslob aufschlägt, sieht auf einer Doppelseite jeweils die gleiche Melodie, allerdings mit zwei verschiedenen Liedern zur Heiligen Woche. Links das Lied »Singt dem König Freudenpsalmen« (GL 280) für den Palmsonntag, rechts »Also sprach beim Abendmahle« (GL 281) für den Gründonnerstag und für die Feier der Eucharistie, aber auch für Andachten und eucharistische Anbetungsstunden.

Die vier Strophen zum Gründonnerstag muss man nicht musikalisch einüben, weil die Melodie aus dem 18. Jahrhundert durch das Palmsonntagslied bereits bekannt ist. Der Text »Also sprach beim Abendmahle« entstand erst im 20. Jahrhundert. Der katholische Publizist *Georg Thurmair* (1909–1984) weitet die Thematik der Heiligen Woche bis zum Gründonnerstag. Dabei entfaltet er nur *einen* Gedanken. Es geht um die *Einheit* der Jünger Jesu – mit Stichworten wie »seid geeint« und »eins zu sein« (Strophe 1), »bleibt geeint« (3) und »wenn ihr einig seid« (4). Dazu greift der Dichter *Jesu Abschiedsgebet* aus dem Johannesevangelium auf: »Alle sollen eins sein: Wie du, Vater, in mir bist und ich in dir bin, sollen auch sie in uns sein, damit die Welt glaubt, dass du mich gesandt hast« (Johannes 17,21).

Strophe 1 nennt Jesu »Testament« – im Lateinischen heißen die Abendmahlsworte auch »verba testamenti« – und gründet die Einheit der Menschen, untereinander und mit Jesus, in der göttlichen Einheit Jesu mit dem Vater. Die zweite Strophe verdeutlicht den Gedanken vom Aspekt der *Liebe* her, wiederum ein johanneisches Grundmotiv, und verknüpft ihn mit dem Bild vom Weinstock und den Reben (Johannes 15,5). Die dritte Strophe »orchestriert« das Thema mit zwei weiteren Motiven des vierten Evangeliums: Das »Bleiben« kommt aus Johannes 15,9: »Bleibt in meiner Liebe«. Den »Guten Hirten« kennen wir aus Johannes 10,11. Nun wird auch der Heilige Geist als Prinzip der Einheit genannt.

Ein sehr biblisches Lied also! Neben den vielen alten Gesängen, die nur den Dialog »Jesus und Ich« kennen, wird hier die *Gemeinschaft untereinander* betont. Der Autor hatte seine geistigen Wurzeln in der Jugendbewegung, der das gemeinsame Singen wichtig war. Vor allem aber wurde ihm die christliche Einheit in der Zeit des Nationalsozialismus zum durchaus widerständigen Gegenbild jeder totalitären Vorstellung von Einheit. Dass Thurmair die damals herrschende Ideologie konsequent abgelehnt hat, hat die Gestapo entsprechend vermerkt. Nach dem Zweiten Weltkrieg wirkt er als Schriftsteller, Redakteur und Bildungsreferent. 1962 bis 1965 entsteht sein Dokumentarfilm »Lux mundi« über das Zweite Vatikanische Konzil, dessen reformerische Botschaften das Thema unzähliger Veranstaltungen mit dem Referenten Georg Thurmair waren.

»Also sprach beim Abendmahle« ist ein im guten Sinne *einseitiges Lied*. Es betont das »Wir« und nicht das »Ich«, außerdem die »Einheit« und nicht die damit zusammenhängende »Vielfalt« etwa der Gnadengaben. In der dritten Strophe zieht Thurmair eine direkte Linie von Jesu Verkündigung zu »dem, was euch meine Kirche weist«. Auch der Sprachstil ist, vom ersten Wort »Also sprach …« an, nicht an einer heutigen Zeitgenossenschaft orientiert, sondern der Tradition verpflichtet.

15
Wenn das Brot, das wir teilen, als Rose blüht

Die große Milde, welche die fromme Landgräfin Elisabeth unablässig gegen die Armen bewies, wurde noch mehr in Anspruch genommen und gesteigert, als eine Zeit schrecklicher Hungersnot das Thüringerland heimsuchte. Täglich schritt sie, von Dienerinnen gefolgt, welche die Gaben ihrer Milde trugen, soviel nicht die Landgräfin selbst zu tragen vermochte, zum Fuße der Wartburg nieder, allwo die Armen ihrer harrten, und verteilte Almosen und Lebensmittel in Fülle. Elisabeths Missgünstige äußerten sich nicht selten tadelnd gegen den Landgrafen, dass seine Gemahlin allzuviel verschenke, ja auch sich selbst zuviel vergebe durch den persönlichen Verkehr mit dem nicht sauberen hungernden und lungernden Gesindel, und da geschahe es, dass eines Morgens Elisabeth, wie sie gewohnt war, zu tun, ein Körbchen mit Lebensmitteln tragend, aus der Burg schritt, und der Landgraf, der wohl schon gegen sie über ihre allzugroße Freigebigkeit sich missbilligend ausgesprochen haben mochte, zu ihr trat und nicht gerade freundlich fragte: »Was trägst Du da?« Erschrocken und zagend gab die edle Herrin zur Antwort: »Herr, Blumen!« – »Ich will sie sehen, zeige her!«, rief der Landgraf, und hob die Hülle vom Korbe. Und siehe, der Korb war übervoll Rosen. Der Landgraf stand staunend vor der Gemahlin und beschämt, und als später die Missgünstigen aufs Neue Klagen erhoben über die allzugroßen Spenden der Frau Landgräfin, so sprach er: »Lasset sie nur immerhin Almosen austeilen, da sie daran ihre Freude hat, wenn sie Uns nur nicht die Wartburg, Eisenach und die Neuenburg hinschenkt.«

Thüringer Sagenbuch von Ludwig Bechstein

Wenn das Brot, das wir teilen, als Rose blüht

Gotteslob 470 ö

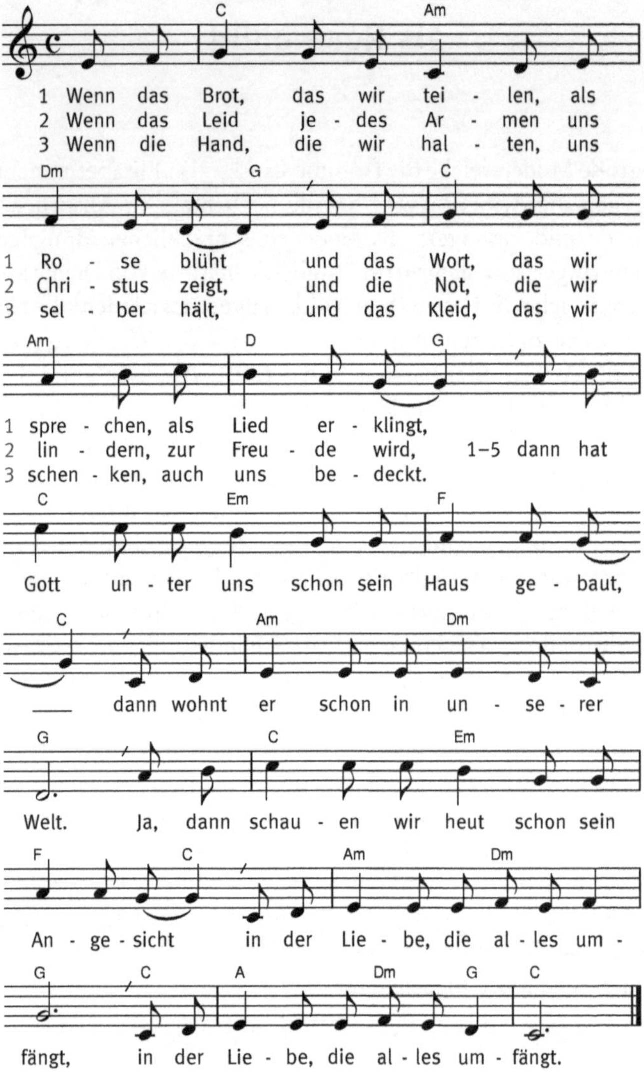

4. Wenn der Trost, den wir geben, uns weiter trägt, / und der Schmerz, den wir teilen, zur Hoffnung wird, / dann hat Gott ...

5. Wenn das Leid, das wir tragen, den Weg uns weist, / und der Tod, den wir sterben, vom Leben singt, / dann hat Gott ...

T: Claus-Peter März 1981, M: Kurt Grahl 1981

Rosen≈Wunder

Heilige Frauen und Männer sind ein beliebtes Thema für Lieder: von »Sankt Martin« bis zu »Ihr Freunde Gottes allzugleich«. Dieses in Leipzig entstandene Lied nennt keine solchen Namen. Und doch ist es inspiriert von der heiligen Elisabeth von Thüringen.

Je jünger ein Werk der Kunst ist, um so größer sind die Chancen, dass die näheren Umstände seiner Entstehung sich noch in Erfahrung bringen lassen. Bei diesem Lied war eine Anregung von Jugendlichen im Spiel. Der Komponist *Kurt Grahl* (geb. 1947) erzählt: »Im Sommer der Jahres 1981 unternahm die Jugendgruppe der katholischen Propsteigemeinde St. Trinitatis in Leipzig eine Fußwallfahrt zu den Stätten der heiligen Elisabeth von Thüringen. Die Gruppe suchte ein Lied, das noch ›von niemandem‹ gesungen worden war und bat mich um ein solches.«

Kurt Grahl war über Jahrzehnte Kirchenmusiker der Leipziger Propsteigemeinde. Für »seine« Kirche hat er über 500 gottesdienstliche und konzertante Werke komponiert, von denen viele inzwischen im Druck veröffentlicht sind. Textdichter des »Rosen-Liedes« ist der Theologe *Claus-Peter März* (geboren 1947), der in Erfurt als Neutestamentler gewirkt hat. Er hatte Kurt Grahl 1981 mehrere Liedtexte im Blick auf Feiern zum 750. Todesjahr der Heiligen geschickt. Doch erst die konkrete Bitte der Jugendgruppe gab den Anstoß zur Komposition.

Gleich die erste Strophe ist vom »Rosenwunder« inspiriert, das als *Heiligenlegende* in verschiedenen Varianten überliefert ist. Ihr inhaltlicher Kern ist rasch erzählt: Die junge Elisabeth steigt immer wieder von der Wartburg hinab zu den Armen, um ihnen Brot zu bringen, was als unschicklich für eine Adlige gilt und Argwohn hervorruft. Von ihrem Gatten, dem Landgrafen, zur Rede gestellt, was denn wieder in ihrem Korb ist, öffnet sie ihn – und darin sind lauter Rosen: »Wenn das Brot, das wir teilen, als Rose blüht«.

Auf der erwähnten *Wallfahrt* im Gedenkjahr der heiligen Elisabeth wurde das neue Lied dann täglich gesungen. Zudem hat Kurt Grahl die Melodie so eingerichtet, dass sie »die Aussagen des Textes unterstreicht« und dabei sogar Weg und Ziel musikalisch verdeutlicht. Wie geht das? Kurt Grahl: »Die ungeraden Takte zeigen in ihrem marschähnlichen Rhythmus unser Unterwegssein an. In den geraden Takten jedoch besingen wir staunend und innehaltend mit sogenannten Synkopen (Rhythmen ›gegen‹ den Takt) die Wunder.« Das sind Stellen wie »Rose blüht« und »Lied erklingt«. Diese Synkopen sind also musikalisch wie theologisch besonders wichtig.

Namentlich genannt wird die heilige Elisabeth von Thüringen (1207–1231) im Lied mit keinem Wort. Aber ihre Haltung der *Nächstenliebe* klingt zu Beginn jeder Strophe an: teilen, Not lindern, die Hand halten, trösten. Im Refrain wird all dies zur Glaubensgewissheit: dass Gott – in den Armen – mitten unter uns ist. Das letzte Wort hat die »Liebe, die alles umfängt«. Gemeint ist die Einheit von Gottes- und Nächstenliebe, von irdisch und himmlisch. Auch daran erinnern uns immer wieder die Heiligen.

16
Komm, Herr, segne uns

segen

der herr
über sonne und regen
saat und ernte

er segne dich
er lasse dein leben gedeihen
deine hoffnung nicht ins leere laufen
er stelle deine geduld nicht zu lange auf die probe

der herr behüte dich
er berge dich im mantel seines trostes
und umarme dich in deiner not

der herr lasse leuchten sein angesicht über dir
er bringe licht in das dunkel deines gemütes
und stelle den frieden auf festeren boden

er sei dir gnädig
wenn schuld dich drückt
und ratlosigkeit dich lähmt

der herr erhebe sein angesicht über dich
er sehe deine sorgenfalten
er entspanne und heile dich

er gebe dir frieden
wohlergehen dem leib
heil deiner seele
ruhe deinem geist
und der welt
eine friedvollere zukunft

Siegfried Eckert

Komm, Herr, segne uns

Gotteslob 451 ö

2. Keiner kann allein Segen sich bewahren. / Weil du reichlich gibst, müssen wir nicht sparen. / Segen kann gedeihn, wo wir alles teilen, / schlimmen Schaden heilen, lieben und verzeihn.

3. Frieden gabst du schon, Frieden muss noch werden, / wie du ihn versprichst uns zum Wohl auf Erden. / Hilf, dass wir ihn tun, wo wir ihn erspähen – / die mit Tränen säen, werden in ihm ruhn.

4. Komm, Herr, segne uns, dass wir uns nicht trennen, / sondern überall uns zu dir bekennen. / Nie sind wir allein, stets sind wir die Deinen. / Lachen oder Weinen wird gesegnet sein.

T und M: Dieter Trautwein 1978

Segens≈Lied

Vor bald 40 Jahren schrieb der evangelische Frankfurter Stadtjugendpfarrer und Propst Dieter Trautwein (1928–2002) dieses bekannte Lied. Heute steht es in vielen deutschsprachigen Gesangbüchern. Im Gotteslob eröffnet es den musikalischen Abschnitt »Segen«.

Weil er bei Kirchentagen oft singend zu erleben war, hielten manche *Dieter Trautwein* für einen evangelischen Kantor. Andere nannten ihn den »singenden Propst«. Aus seiner Feder stammen über 200 Lieder. Dies ist wohl das Bekannteste. Und nicht alltäglich scheint, dass am Anfang das alte Gotteslob aus dem Jahr 1975 stand – und die Ehefrau des Autors!

Warum das alte katholische Gotteslob? Für einen *Radio-Gottesdienst* suchte Dieter Trautwein 1978 nach einem Lied, das zur tröstlichen Botschaft der Offenbarung des Johannes passt. Im damaligen Gotteslob fand er die Worte »Komm, Herr Jesu, komm, führ die Welt zum Ende, dass der Tränenstrom sich in Freude wende …« (Nr. 568) – übrigens ein Lied, das kaum gesungen wurde und deshalb nicht mehr im neuen Gotteslob steht. Dieter Trautwein aber haben diese Worte recht gut gefallen. Allerdings hätte seine Gemeinde die Melodie von Heinrich Rohr eigens lernen müssen. Also schrieb Trautwein kurzerhand zu dem Liedtext von Maria Luise Thurmair eine neue und eingängige Melodie, bei der sogleich alle gut mitsingen konnten.

Nun kommt seine Frau Ursula ins Spiel. Mit dem Argument »Lieder zum Segen fehlen uns« überzeugte sie ihren Mann, zur neuen Melodie nachträglich auch noch einen eigenen Text zu verfassen. Das fertige Lied widmete Trautwein dann seiner Mutter zum 75. Geburtstag. Richtig bekannt wurde es, nachdem es im Sommer 1979 das Schlusslied des *Kirchentags* in Nürnberg war. Auch bei den Leipziger Montags- und Friedensgebeten um die Wendezeit 1989 fand das aus dem Westen stammende Lied bald einen festen Platz: »… dass wir uns nicht trennen«.

Zur eingängigen Melodie passen die schlichten Worte. Gottes Segen will sich ausbreiten. Die Antworten der Gesegneten heißen »Bekennen« (Strophe 1) und persönliche Aneignung, wenn wir nicht nur Segen empfangen, sondern selbst zum Segen werden (2).

Biblischer Inbegriff des Segens ist *»Schalom«* (3); ein Friede, der sowohl Verheißung und Geschenk ist, als auch etwas, was wir »tun« (3) müssen.

Bald gab es heftige *Kritik* an diesem Lied. Manche fragten: Stehen die vielen Stichworte nicht allzu unverbunden nebeneinander? Auch der Schluss von Strophe 3 gefiel nicht allen. Denn in Psalm 116,5 heißt es: »Die mit Tränen säen, werden mit Jubel ernten«. Hier aber wollte Trautwein den Psalmvers mit dem Gedanken der Sabbatruhe verknüpfen, wie er uns in der alttestamentlichen Schöpfungserzählung und im neutestamentlichen Hebräerbrief 4,9 begegnet: »Es ist noch eine Ruhe vorhanden für das Volk Gottes.«

Warum wird als vierte Strophe nochmals die erste gesungen? Erst so ergibt sich am Ende des Gottesdienstes – durch die wiederholte Bitte »Komm, Herr, segne uns« – ein stimmiger Übergang vom Lied zum Segen. Den oftmals üblichen trintitarischen Abschluss hat Trautwein jedoch hier vermieden. Aber er hat mehrfach »erlebt, dass auch *Juden* dieses Lied mitsingen können«. Der Pastor und Kantor, überdies Texter und Komponist in Personalunion, war gerade »darüber besonders froh«.

17
Der Herr wird dich mit seiner Güte segnen

Der Herr sprach zu Mose: Sag zu Aaron und seinen Söhnen: So sollt ihr die Israeliten segnen; sprecht zu ihnen: Der Herr segne dich und behüte dich. Der Herr lasse sein Angesicht über dich leuchten und sei dir gnädig. Der Herr wende sein Angesicht dir zu und schenke dir Heil. So sollen sie meinen Namen auf die Israeliten legen und ich werde sie segnen.

Numeri 6,22–27

Unser Gott segne dich

Gott, der Mächtige,
aus dessen Hand du kommst, der dein Vater ist,
segne dich,
er lasse dich gedeihen und wachsen an Leib und Seele.

Er behüte dich
vor Angst und Gefahr und allem Argen.
Er lasse sein Angesicht leuchten über dir
wie die Sonne über der Erde
und sei dir gnädig,
wenn Schuld dich quält, und mache dich frei.

Unser Gott erhebe sein Angesicht auf dich,
er schaue in Liebe auf dich und tröste dich.
Er gebe dir Frieden;
das Wohl des Leibes und das Heil der Seele.

So will es Gott. So gilt es in Zeit und Ewigkeit.
So gilt es für dich. Amen.

Jörg Zink

Der Herr wird dich mit seiner Güte segnen

Gotteslob 452

4. Sein Angesicht soll brüderlich dir leuchten, / sein Licht erhelle deine Dunkelheit. / An seiner Liebe sollst du Feuer fangen / und Werkzeug sein für Gott in dieser Zeit. *Kv*

5. Er schenke dir Vergebung und Erbarmen / und lösche aus, was dich von ihm entzweit. / Erheben sollst du dich und wieder atmen, / der Herr hat dich von aller Last befreit. *Kv*

6. Der Herr soll dich mit seinem Blick begleiten, / dir Zeichen geben, dass du dankbar weißt: / Er lebt mit uns, wir alle sind Geschwister, / uns führt zusammen Jesu guter Geist. *Kv*

7. Der Herr und Gott erfülle dich mit Frieden, / mit Lebensmut und mit Gerechtigkeit, / er öffne dir das Herz und auch die Hände, / dass selber du zum Frieden bist bereit. *Kv*

T: Helmut Schlegel (geb. 1943) nach Numeri 6,22–27, M: Thomas Gabriel 1998

Zu≈Spruch

Segen, das ist eine biblische Grundmelodie. Hier erklingt sie in sieben Variationen. So können wir uns den Segen gegenseitig zusingen oder uns am Ende eines Gottesdienstes singend auf den Segen einstimmen.

Die spirituelle Tonart dieses Liedes ist biblisch. Im alttestamentlichen Buch Numeri steht der »*Aaronitische Segen*«. Er heißt so, weil Aaron, der Bruder des Mose, das Volk mit diesen Worten segnen soll, die beim Lied den Kehrvers bilden. Die *Strophen* sind nichts anderes als Variationen dazu. Mit der Schöpfung (Genesis) und der persönlichen Namensgebung beginnt es. Das Lied erinnert an Gottes Zusage gemäß Jesaja 14,16: »Sieh her: Ich habe dich eingezeichnet in meine Hände.« Deshalb stehen wir geschrieben in Gottes Hand (Strophe 1). Die Erhaltung ist Thema der zweiten Strophe, wiederum ausgehend von einem biblisch-liturgischen Zitat, das in der Formulierung »Vollenden möge er, was du begonnen« aufklingt. In der Liturgie der Diakonen-, Priester- und Bischofsweihe sowie beim Begräbnis heißt es: »Gott selbst vollende das gute Werk, das er in dir begonnen hat« (vgl. Philipper 1,6).

Leben, Wachstum, Schutz, Licht, Atem, Geist und Frieden – das sind die *Segensthemen* der sieben Strophen. Die ersten drei Verse beschreiben Gottes segnendes Handeln, indem sie es dem Menschen zusprechen. Ab der vierten Strophe tritt zum Handeln Gottes jeweils ein Impuls für das eigene Tun. Segen empfangen ist das Eine. Hinzu kommt das Weitergeben, weil sonst der Segen unfruchtbar bliebe. Der Gesegnete wird zum »Werkzeug für Gott in dieser Zeit«. Hier steht poetisch nicht die Bibel Pate, sondern das Zweite Vatikanische Konzil, das die Kirche »Zeichen und Werkzeug für die innigste Vereinigung mit Gott wie für die Einheit der ganzen Menschheit« nennt (Konstitution über die Kirche »Lumen gentium« 1,1).

»Der Herr wird dich mit seiner Güte segnen« könnte individualistisch missverstanden werden: Gott und ich, sonst nichts! Das aber wäre falsch, weil das Ich ja in der Gemeinschaft des Wir lebt – was beim Singen besonders deutlich wird. Im Hintergrund steht wiederum eine biblische Einsicht: Der Geist stiftet Gemeinschaft, was der Apostel Paulus »Koinonia« nennt. Im Wort »Friede« (Strophe 7) sind alle Aspekte versammelt. Segen empfangen heißt: mit Friede erfüllt sein, so dass das Empfangen neu zum Weiterschenken inspiriert: »… dass selber du zum Frieden bist bereit«.

Wer sind die Autoren dieses Segensliedes? Der Textautor Pater *Helmut Schlegel* (geb. 1943) leitet als Priester und Franziskaner seit 2007 das »Zentrum für christliche Meditation und Spiritualität Heilig Kreuz« des Bistums Limburg in Frankfurt-Bornheim. *Thomas Gabriel* (geb. 1957) wirkt als Kirchenmusiker im Bistum Mainz. Er tritt mit dem Thomas-Gabriel-Trio auf und hat zahlreiche Lieder und Oratorien komponiert.

18
Ach bleib mit deiner Gnade

Die Zeit ist aus den Fugen.

Gewaltige Heere ziehen durch Deutschland von einem Ende zum anderen, die Lebensmittel werden knapp, die Teuerung wird immer härter. Norddeutschland bekommt den Krieg mit allen Folgen zu spüren. Es ist keine Lust zu leben.

Das Jahr 1626 bringt die Pest. Auch sie gehört zu den apokalyptischen Einsilbern, vor denen keine Mauer schützt und kein Graben, nicht einmal ein furchtloses Herz. Die Trübsal ist kaum noch zu überbieten.

Furchtbar wütet die Pest in Rinteln. Aber Josua Stegmann und sein Haus werden verschont. Die Familie bleibt ihm erhalten. Er kann den Rückhalt an ihr auch nicht entbehren. Er steigt in die Tiefen seines Gottvertrauens hinab, um den Gemeinden, den Brüdern im Amt Trost zu spenden. Er faltet für sie die Hände und betet laut und vernehmlich. Er fasst in seinen Gebeten alles zusammen, was ein Christenmensch in seiner Herzensnot vor Gottes Thron bringt. Manches Gebet wird zum inbrünstigen Lied.

In Josua Stegmann erwacht der fromme Dichter. Seine »Herzensseufzer« sind die Melodie seiner Seele.

In der größten Drangsal erscheint sein Gedichtbüchlein. Es ist als Trost gedacht und wird ein Trost. Bald ist das Buch vergriffen, und eine neue Auflage erscheint, in der Rintelner Universitätsdruckerei im Jahre 1627 hergestellt durch Petrus Lucius.

Nicht seine grundgelehrten theologischen Abhandlungen haben Josua Stegmann den Widerhall gebracht, der seinen Namen in den Gemeinden wachgehalten hat, sondern es sind seine Gebetsfreudigkeit, seine Herzensfrömmigkeit und die gewinnende, überzeugende und einfältige Sprache, die überall dort Eingang finden, wo der Mensch am Rande eines Abgrundes lebt.

Hans Zappe

Ach bleib mit deiner Gnade

Gotteslob 436 ö

4. Ach bleib mit deinem Segen / bei uns, du reicher Herr; / dein Gnad und alls Vermögen / in uns reichlich vermehr.

5. Ach bleib mit deiner Treue / bei uns, mein Herr und Gott; Beständigkeit verleihe, / hilf uns aus aller Not.

T: Josua Stegmann 1627, M: bei Melchior Vulpius 1609

Herzens≈Seufzer

Das Gotteslob 2013 kennt nicht nur neue Lieder, sondern auch neue Rubriken wie »Die himmlische Stadt« oder »Bitte und Klage«. Letzere beginnt mit diesem protestantischen Lied »Ach bleib mit deiner Gnade« aus der Zeit des Dreißigjährigen Krieges. Die Melodie ist vielen durch Lieder wie »Christus, der ist mein Leben« (GL 507) oder »Beim letzten Abendmahle« (GL 282) vertraut.

Lieder und Gesänge wollen jubeln, aber auch seufzen! Denken wir nur an das staunend-frohe »O« im österlichen Exultet, in den adventlichen »O-Antiphonen« oder bei den Worten »o clemens, o pia, o dulcis virgo Maria« des »Salve Regina«. Der Stoßseufzer *»Ach«* hingegen begegnet uns vor allem in der lutherischen Tradition. Allein neun so beginnende Lieder – von »Ach bleib bei uns, Herr Jesu Christ« bis »Ach wie flüchtig, ach wie nichtig« – verzeichnet die badische Ausgabe des Evangelischen Gesangbuchs.

Woher aber kommt »Ach bleib mit deiner Gnade«, das einzige »Ach«-Lied im neuen Gotteslob-Stammteil, dessen Anfangsseufzer in jeder Strophe überdies musikalisch gedehnt als Halbenote erklingt? Der Textautor *Josua Stegmann* (1588–1632) war Superintendent und Theologieprofessor in Stadthagen (Grafschaft Schaumburg) und Rinteln/Weser, zudem Lehrer des berühmten Dichters Johann Rist. In den konfessionellen Wirren verlor er sein Amt. Gründe seines Seufzens sind deutlich ablesbar am Titel der Erbauungsschrift, in der unser Lied erstmals veröffentlicht wurde: »Christliches Gebet-Büchlein, auf die bevorstehende Betrübte Kriegs-Teuerung und Sterbens-Zeiten gerichtet« (1627). Das Lied mit der Überschrift »Um Benedeiung und Erhaltung des lieben Predigtamtes« steht hier unter der Rubrik »Gebet um Erhaltung der Lehre und Kirche Gottes«.

Das Evangelische Gesangbuch bringt unter der Nr. 347 (ö) sämtliche Liedstrophen, wohingegen das Gotteslob der ö-Empfehlung der »Arbeitsgemeinschaft Ökumenisches Liedgut« folgt und die originale 5. Strophe – sie warnt mit den Worten »dass uns der Feind nicht trutze« wohl auch vor Andersgläubigen – auslässt. Wie gut, dass solche konfessionellen Feindschaften inzwischen einem *ökumenischen Geist* gewichen sind, der letztlich auch die Aufnahme dieses Liedes in das Gebet- und Gesangbuch Gotteslob ermöglicht hat.

Biblischer Hintergrund ist die Bitte »Bleib bei uns« der *Emmaus-Jünger* an den auferstandenen Herrn, der mit ihnen geht, ohne dass sie ihn erkennen (Lukas 24,29). Diese Situation wird lutherisch aktualisiert im Sinne einer Antwort auf die Fragen der Glaubenden (sola fide): Wie ist Jesus Christus (solus Christus) hier und heute bei uns gegenwärtig? Zunächst durch seine Gnade (sola gratia) und durch sein Wort (sola scriptura). Die dritte Strophe bittet um Jesu Gegenwart im »Glanz« und »Licht«, womit Stegmann alttestamentliche Symbolik (»kabod« als göttliche Lichtwucht) ebenso aufgreift wie die Theologie des Johannesevangeliums (Johannes 8,12 u.ö.). »Segen« und »Treue« sind Thema weiterer Bitten, die wie ein gebethaftes »Echo« auf Gottes Verheißungen erklingen.

Zu den schlichten, fast litaneihaften Worten passt gut die Melodie, die der Weimarer Stadtkantor *Melchior Vulpius* (um 1570–1615) zum Lied »Christus, der ist mein Leben« komponiert hat. Ob dem bei Protestanten beliebten Lied »Ach bleib mit deiner Gnade« mit dem Gotteslob nun auch eine katholische Zukunft beschieden ist, wird sich zeigen. Worte wie »Gnade« und »Segen« könnten dafür erste gottesdienstliche Anknüpfungspunkte sein.

19
Der Lärm verebbt, und die Last wird leichter

Abendgebet

Wenn alles still wird
um uns her,
wenn auch in uns
die Stille aufsteigt,
lass dann, o Gott, die Stille klingen,

singen wie ein Lied,
das Atem holt in dir
und das vom Frieden weiß in dir,
ein Lied,
zu dem wir heimkommen
zu dir und zu uns selbst.

Gib uns Raum
für die Ruhe,
die das Gewicht
auch dieses Tages
von unseren Schultern nimmt.

Schütze uns
in dieser Nacht.
Schaff uns neu in unserem Schlaf.
Gib uns den Traum,
für einen Augenblick,
dass das Leid ausgelitten ist,
die Tränen abgewischt,
ein- für allemal.

Sytze de Vries

Der Lärm verebbt, und die Last wird leichter

Gotteslob 100 ö

2. Lass Recht aufblühen, wo Unrecht umgeht. / Mach die Gefangnen der Willkür frei. / |: Lass deine Kirche mit Jesus wachen / und Menschen wirken, dass Friede sei. :|

T: Jürgen Henkys [1986] 1990 nach dem schwedischen »Nu sjunker bullret« von Lars Thunberg 1973, M: aus Schweden

Ruhe≈Zone

Das neue Gotteslob ist internationaler als das alte. Zahlreiche Lieder aus anderen Ländern und Sprachen sind neu zu entdecken. Dieses zweistrophige Abendlied mit der leicht zu merkenden Nummer 100 stammt aus Schweden.

Dass es ein *neues Lied* ist, merkt man gleich. Denn Worte wie »Lärm« begegnen uns kaum in alten Chorälen. Im schwedischen Original aus dem Jahr 1973 kommt sogar – vielleicht erstmals in einem Kirchenlied? – das moderne Wort »Stress« vor. Die Bitte, dass der Stress abnehmen soll, hat Jürgen Henkys etwas frei übersetzt mit »Die Last wird leichter«. So klingt in der deutschen Fassung eine Verheißung Jesu an: »Denn mein Joch ist sanft, und meine Last ist leicht« (Matthäus 11,30).

Dem 1929 in Ostpreußen geborenen protestantischen Theologen und Lieddichter *Jürgen Henkys* verdanken wir Hunderte von gelungenen Übertragungen fremdsprachiger Lieder. Fünf davon stehen im Stammteil des Gotteslob. Am 22. Oktober 2015 verstarb Henkys in Berlin. *Lars Thunberg* (1928–2007), der Autor des schwedischen Originals, ist in Stockholm geboren und hat in Uppsala und Aarhus in den Bereichen der Praktischen und Ökumenischen Theologie gewirkt. Sein Abendlied erschien erstmals 1976 in einem schwedischen Gesangbuchanhang. Danach ist es rasch sehr bekannt geworden, in Deutschland vor allem durch die Aufnahme in Liederbücher zu Evangelischen Kirchentagen.

Gleich die zweite Zeile nennt ein weiteres biblisches Bild, das viele aus Felix Mendelssohn Bartholdys Oratorium »Elias« kennen: »Denn er hat seinen Engeln befohlen über dir, dass sie dich behüten auf allen deinen Wegen; dass sie dich auf den Händen tragen …« (Psalm 91,11 f.). Hier gelingt Jürgen Henkys eine besondere Nuance im poetisch-komponierten Gebet: Die Last verschwindet nicht einfach, sondern *Engel* helfen sie tragen. Der Segen schließlich soll allen gelten, »die dir vertrauen«. Insbesondere aber brauchen die Leidenden solchen Beistand, Tag und Nacht.

Die zweite Strophe weitet den Horizont, und zwar noch weiter als bis zum »kranken Nachbarn auch«, den wir aus der letzen Strophe von »Der Mond ist aufgegangen« kennen. Der Blick richtet sich nun auf das politische »Unrecht« und die »Gefangenen« jeder Willkürherrschaft. Sie sollen *befreit* werden, wie Jesus es im Lukasevangelium vollmächtig verkündet (Lukas 4,18). Die um ihn gescharte Kirche hat eine Verantwortung für Frieden und Gerechtigkeit. Deshalb soll sie nicht nur wach sein, sondern auch wachen über die Menschlichkeit.

Eine weitere biblisch-abendliche Szene klingt an: Die *Jünger* versagen am Abend seines Leidens kläglich angesichts der Bitte Jesu »Bleibet hier und wachet mit mir« (Matthäus 26,38). Zugleich ist es ein beruhigender Gedanke, dass die weltweite Kirche wacht, auch wenn die Einzelnen schlafen.

Die schlichte *Melodie* aus Schweden kommt in einem ruhigen Tempo am besten zur Geltung. Dem melodischen Aufschwung am Beginn jeder Zeile entspricht die Beruhigung jeweils am Ende. Abwärts gerichtete Gesten deuten an, dass die Singenden zur Ruhe kommen wollen. In der zweiten Hälfte, die wiederholt wird, erklingt der höchste Ton. Vor allem wirkt der Rhythmus jetzt gelöster, weil bei »alle, die dir vertrauen« (Strophe 1) und »Kirche mit Jesus wachen« (2) neue, fast wiegende Betonungen ins Spiel kommen.

20
Bleib bei uns, Herr

Nun trägt der Abendwind den Tag
mit seiner Last von Licht und Schatten
hinweg mit schwerem Flügelschlag

und legt ihn ab in Gottes Zeit,
der ihn von dem Gewicht der Erde
mit liebevoller Hand befreit.

Sieh nun den Tag, wie schnell verweht!
Wo ist das Licht, wo sind die Schatten?
Ein Dank, ein Seufzer im Gebet –

dann kommt die Nacht – der Tag ist nun
schon lang gelegt in Gottes Hände,
wo Tage, Jahre, Zeiten ruhn.

Kurt Rose

Bleib bei uns, Herr

Gotteslob 94

T: 1. Str.: Franz-Josef Rahe; 2. u. 3. Str.: Paul Ringseisen,
M und S: William H. Monk 1861

Nacht≈Wache

Das englische Original ist ein überaus populärer Choral. Wir begegnen ihm nicht nur bei festlichen Anlässen der »Royal Family«, sondern auch bei militärischen Feiern. Und seit 1927 ist diese »Hymne« der klangvolle Auftakt beim jährlichen Finalspiel im »FA Cup« um den englischen Fußball-Pokal.

Für Elton John zählt *»Abide with me«* zum musikalischen Proviant für die »einsame Insel«. Wie er es dort singen würde, kann man im Internet hören. Und wen wundert es da noch, dass auch der Pianist der Titanic dieses Lied kurz vor dem Untergang des Luxusdampfers intoniert haben soll?

Gleich mehrere neue Linien des Gebet- und Gesangbuchs Gotteslob treffen sich gleichsam in diesem Lied. Auf den ersten Blick erkennbar ist die *Mehrstimmigkeit:* ein schlichter und zugleich ausdrucksvoller vierstimmiger Choralsatz. Geeignet ist »Bleib bei uns, Herr« nicht nur für abendliche Eucharistiefeiern, sondern vor allem für die Feier der *Tagzeiten,* die das neue Gebet- und Gesangbuch ja stärken will. Der Blick in die Quellenangaben zeigt zudem, dass dieses Lied aus der *anglikanischen Tradition* stammt. Ein Beispiel also für die ökumenische Offenheit im Gotteslob. Zudem ist es nicht nur ein Stück Kirchenmusik, sondern ein Kulturgut. Das

Gotteslob will Brücken auch zu *populären religiösen Liedern* schlagen, sogar zu solchen aus anderen Sprachbereichen.

Biblischer Bezugspunkt ist die Bitte der Emmaus-Jünger an ihren Begleiter, den sie noch nicht als Christus erkannt haben: »Bleib doch bei uns; denn es wird bald Abend, der Tag hat sich schon geneigt« (Lukas 24,29); die Anrede »Herr« im Lied stammt aus Lk 24,34. Verfasser des englischen Originals ist der Hymnendichter *Henry Francis Lyte* (1793–1847), der in Schottland als Pfarrer wirkte und etwa 80 Kirchenlieder geschaffen hat. Er weitet das Thema des »Bleibens«, das uns auch im Johannesevangelium begegnet, in mehrere Richtungen: Das englische Original des Liedes bezieht Christi Bleiben »auf die bevorstehende Nacht (Str. 1), dann übertragen auch auf Vergänglichkeit (Str. 2), Versuchung (Str. 3) und Tod (Str. 4f.), denen Christi Licht, Unvergänglichkeit, Erlösung und Auferstehung hoffnungsvoll gegenübergestellt sind« (Karl Christian Thust).

Im Evangelischen Gesangbuch finden wir das Lied bei EG 488 einstimmig und in der relativ wörtlichen Übersetzung des Schweriner Pfarrers und Hymnologen Theodor Werner (1952). Das Gotteslob hingegen entschied sich für die freie Nachdichtung aus der Feder zweier katholischer Autoren, die den Akzent auf die abendliche Situation und ihre Deutung legen: *Franz-Josef Rahe* wirkt in Norddeutschland als Kirchenmusiker, Dozent und Pfarrer; *Paul Ringseisen* wurde durch seine Impulse zur Feier der Tagzeitenliturgie überregional bekannt.

Und die Melodie mitsamt dem vierstimmigen Satz? Der Komponist *Henry Monk* (1823–1889) war Kirchenmusiker und Komponist in London am King's College. Seine Melodie, die »Eventide« genannt wird, schrieb er 1861 für das englische Gesangbuch »Hymns Ancient and Modern«. Die Musik ist »gefühlvoll und feierlich getragen, schlicht und eingängig« (Karl Christian Thust).

III
KOMPONIERTE GEBETE
Psalmlied bis Magnificat

Bilder und Klänge sind von entscheidender Bedeutung für die Entstehung von Visionen gelingenden Lebens und von Lebenssinn. Deshalb können sich diejenigen Kirchen glücklich schätzen, in denen eine lebendige Musizier- und Singpraxis existiert. So verfügen sie über Möglichkeiten, das Evangelium ästhetisch zu inszenieren und zu kommunizieren. Wer singt, betet nicht nur doppelt, wie schon Augustin sagte, sondern kann auch singend der Bibel näherkommen, anderen die Botschaft des Evangeliums ganzheitlich weitersagen und die heilsame Nähe Gottes tröstend, aufbauend und herausfordernd erleben. Wer singt, erfährt bei den Wendepunkten des Lebens im Klang der eigenen und fremden Stimmen das Leben unter der Verheißung Gottes in verdichteter Weise. Wer singt, kann sich probeweise und vertiefend einfinden in die Glaubenserfahrungen anderer Menschen und Generationen, die im Singen Kirche bildeten und bilden.

Peter Bubmann

21
Ich seh empor zu den Bergen

Ich schaue zu den Bergen hoch:
aus welcher Richtung wird die Hilfe kommen?
Meine Hilfe kommt von *ihm* her,
der Himmel und Erde gemacht hat.
Er wird dich nicht stolpern lassen.
Jener, der dich bewacht, schläft nicht.
Nein, der Wächter Israels schläft und
schlummert nicht.
Auch *dein* Wächter ist er.
Er gibt dir Schatten.
Er ist dein Geleitschutz.
Am Tag wird dir die Sonne nichts antun
und nicht der Mond in der Nacht.
Vor dem Bösen schützt er dich.
Er hüte dein Leben.
Er behüte dich beim Kommen und Gehen,
heute und immer.

Psalm 121
übersetzt von Arnold Stadler

Ich seh empor zu den Bergen

Gotteslob-Eigenteil Freiburg-Rottenburg 847

T: Ute Passarge 2009 nach Psalm 121, M: Andreas Lettau 2009

Reise≈Segen

Wie entsteht eigentlich ein Lied? Da gibt es viele Möglichkeiten: im stillen Kämmerlein oder nachdem die Muse den Dichter geküsst hat, am Schreibtisch oder am Klavier. Bei den meisten Kirchenliedern ist der Text als Erstes da. Oder aber ein Autor findet gleichzeitig Wort und Ton.

Das Psalmlied »Ich seh empor zu den Bergen« kam ungewöhnlich zustande. Zuerst war nämlich die Melodie da, sozusagen als »Lied ohne Worte«. Der Komponist *Andreas Lettau* (geb. 1958) ist im Hauptberuf Lehrer in Norddeutschland. Er kann auf viele Jahre kirchenmusikalischer Tätigkeit zurückblicken, vor allem mit Jugendlichen.

Seine Melodie hat Lettau dann auf eine Tagung mitgenommen, bei der es um die Musik zum Ökumenischen Kirchentag München 2010 ging. Und bei dieser Tagung fand sich in *Ute Passarge* (geb. 1962) eine Autorin für den Text; sie arbeitet vor allem als Dolmetscherin und Journalistin. Bereits auf dem Workshop wurde im musikalisch-poetischen Teamwork dieses Lied vollendet.

Zugrunde liegt der *121. Psalm,* der mit seinen acht Versen zu den besonders kurzen Gebeten des Psalters zählt. Vermutlich entstand dieses Gebet – formal ist es ein poetisches Wechselgespräch – um 400 vor Christus in Jerusalem. Wie die anderen Stücke des »Wallfahrtspsalters« (Psalm 120–134) wurde auch dieser Psalm auf dem Weg zur Wallfahrt nach Jerusalem gesungen. Es geht darum, dass Gott den Reisenden in allen Gefahren beschützt und ihn auf all seinen Wegen huldvoll begleitet. Ute Passarge nimmt die ersten beiden Psalmverse als Kehrvers. Dabei entfaltet sich eine für die Psalmen typische *Dramatik:* Ausgehend vom »Ich« des Beters oder der Beterin steht eine drängende Frage im Raum: »Wo ist Hilfe?« Die Antwort nennt Gott als den »Einen« in Anlehnung an das tägliche Gebet frommer Juden: »Höre, Israel! Jahwe, unser Gott, Jahwe ist einzig« (Deuteronomium 6,4). Und dann öffnet sich gleichsam der Horizont, denn Gott ist nicht nur die Antwort auf meine Frage, sondern der Schöpfer und Erhalter der ganzen Welt.

»Alle Welt liegt in seiner Hand«, der Schluss des Kehrverses, ist zugleich die Überleitung von meinem eigenen Ausschauen und fragenden Nachdenken – zur Zusage Gottes. Drei Strophen widmen sich seinen *Verheißungen*. Der poetisch-spirituelle Rhythmus reicht von Gottes mütterlicher Fürsorge, die immer wacht und niemals schläft (Strophe 1), über seine tägliche Gegenwart im Bild des Schattens (Strophe 2) bis zur Hoffnung auf Vollendung, wenn der irdische Lebensweg zu Ende geht und das »Tor seiner Ewigkeit« sich öffnet (Strophe 3).

Das Wichtigste an der Musik sind die ersten *vier Töne*. Ein Dreiklang beginnt auf dem Grundton und strebt aufwärts: »Ich seh em(por)!«. Der vierte Ton aber, auf der Silbe »-por«, ist nicht, wie zu erwarten, der eine Oktav höhere Grundton, sondern der sogenannte Leitton, einen Halbton tiefer. Diese Spannung – betonter Leitton gegen den tiefen Anfangsgrundton und zugleich anstelle des erwarteten hohen Grundtons – gilt es auszukosten als musikalisches Sinnbild der Sehnsucht. Dreimal sogar erklingt diese charakteristische Tonfolge. Wichtig ist auch die *Pause* in der Mitte jeder Strophe. Denn sie entspricht dem »Sternchen« beim Psalmengesang als Moment des Innehaltens. Manche Kirchenväter nennen das »Ruminieren«, also Wiederkäuen. Ja, die Psalmen wollen geschmeckt werden. Und mit diesem Lied kann man Geschmack an ihnen finden.

22
Aus der Tiefe rufe ich zu dir

Aufzeichnung aus dem Gefängnis

In den Tiefen, die kein Trost erreicht,
Lass doch Deine Treue mich erreichen.
In den Nächten, wo der Glaube weicht,
Lass nicht deine Gnade von mir weichen.

Auf dem Weg, den keiner mit mir geht,
Wenn zum Beten die Gedanken schwinden,
Wenn mich kalt die Finsternis umweht,
Wollest Du in meiner Not mich finden.

Wenn die Seele wie ein irres Licht
Flackert zwischen Werden und Vergehen,
Wenn es mir an Trost und Rat gebricht,
Wollest du an meiner Seite stehen.

Wenn ich deine Hand nicht fassen kann,
Nimm die meine Du in Deine Hände,
Nimm Dich meiner Seele gnädig an,
Führe mich zu einem guten Ende.

Justus Delbrück

Aus der Tiefe rufe ich zu dir

Gotteslob 283 ö

1–4 Aus der Tie - fe ru - fe ich zu dir:

1 Herr, hö - re mei - ne Kla - gen,
2 Herr, öff - ne dei - ne Oh - ren,
3 Herr, ach - te auf mein Fle - hen,
4 Nur dir will ich ver - trau - en,

1–4 aus der Tie - fe ru - fe ich zu dir:

1 Herr, hö - re mei - ne Fra - gen.
2 Ich bin hier ganz ver - lo - ren.
3 Ich will nicht un - ter - ge - hen.
4 Auf dein Wort will ich bau - en.

Text: Uwe Seidel
Musik: Oskar Gottlieb Blarr
aus: Wenn der Stacheldraht blüht, 1981

Hilfe≈Schrei

Gottesdienste sind nicht nur auf das Loben gestimmt. Sie kennen auch die Klage. Im »Klangraum« des 130. Psalm »De profundis« finden wir durch die Jahrhunderte zahllose poetisch-theologische Variationen zu diesem existenziellen Thema. So auch in diesem Lied von Uwe Seidel und Oskar Gottlieb Blarr.

»Unser täglich Lied gib uns heute« – sei es Lob oder Dank, Vertrauen oder Klage. So benennt der Düsseldorfer Komponist *Oskar Gottlieb Blarr* (geb. 1934) das Motto seines Lebens und Schaffens im Blick auf neue geistliche Lieder. Blarr ist einer der profiliertesten protestantischen Kirchenmusiker und Komponisten. Zu seinen Werken zählen eine »Jesus-Passion«, ein großes Oster-Oratorium sowie Kammermusik und Orgelsinfonien.

In Düsseldorf, wo Blarr von 1961 bis 1999 Kantor der Neander-Kirche war, kreuzten sich seine Wege mit denen von *Uwe Seidel* (1937–1997). Seidel war protestantischer Theologe und liturgischer Impulsgeber vieler Kirchentage. Sein Name verbindet sich mit »Beatmessen« sowie mit der ersten »Liturgischen Nacht«, die auf dem Kirchentag in Düsseldorf 1973 gefeiert wurde und dann viele Nachahmer fand.

Das Lied »Aus der Tiefe rufe ich zu dir« war zunächst Teil eines ökumenischen *Kreuzwegs der Jugend*. Erstmals erklungen ist es als Kyrie-Gesang im Rahmen der »Beatmesse 81: Wenn der Stacheldraht blüht« in der Thomaskirche Düsseldorf und dann auf dem Evangelischen Kirchentag in Hamburg.

Vertont sind die beiden ersten Verse von Psalm 130. Auf die in jeder Strophe zwei Mal erklingende *Anfangsgeste* »Aus der Tiefe rufe ich zu dir«, die jeweils mit einem Doppelpunkt versehen ist, folgen *Inhalte des Bittens*. Deren poetische Parallelität erinnert an den Aufbau der biblischen Psalmverse, den sogenannten »Parallelismus membrorum«. Am wichtigsten sind die eindringlichen Verben: »Höre« (Vers 1), »öffne« (Vers 2) und »achte« (Vers 3). Mit den Verben korrespondiert die bedrängte Situation des Beters: Fragen (1) und Verlorenheit (2) sowie Angst vor dem Untergang (3), was wörtlich zu nehmen ist, weil im hebräischen Psalm Chaosfluten gemeint sind, die über dem Beter zusammenschlagen: »Ich will nicht untergehen.«

Die letzte Strophe ist poetisch anders gestaltet, weil sie auch inhaltlich eine neue Wendung bringt. Dem Beter öffnet sich bei den Worten »Nur dir will ich vertrauen – auf dein Wort will ich bauen« eine *hoffende Perspektive,* die dem fünften Psalmvers entspricht: »Ich hoffe auf den Herrn, es hofft meine Seele, ich warte voll Vertrauen auf sein Wort«.

Zur *Musik* gibt der Komponist Oskar Gottlieb Blarr einen wichtigen Hinweis: »Der Verzicht auf komplizierte Rhythmen und Pausen, sonst typisch für neue Lieder, sollte die rasche Aufnahme des Liedes ermöglichen.« Im Original war es zudem »ein durchlaufendes Lied mit instrumentalen Zwischenspielen«.

Das ist ein Impuls auch für die Einführung dieses neuen Gotteslob-Liedes. Kurze *Improvisationen* auf einem Tasten- oder Melodieinstrument können zwischen den Strophen die zentralen Gesten – Klagen, Öffnen, Flehen, Vertrauen – aufgreifen und so einen Raum des Nachdenkens und Nachklingens eröffnen. Gerade diese Aufführungspraxis kommt der Liturgie und diesem Psalm zugute, ganz im Sinne von Uwe Seidels Wort: »So ist der lebendige Gottesdienst nach wie vor mein Ziel.«

23
Befiehl du deine Wege

Was meint »Vorsehung«?

Die *göttliche Vorsehung* ist dasjenige Handeln, durch das Gott nicht nur alles sieht, sondern auch gemäß dem Rat seines Willens alle von ihm geschaffenen Dinge und jedes einzelne bewahrt …

Wir erreichen den *wahren Nutzen* [dieses Glaubensartikels von der Vorsehung] erst dann, wenn wir die allumfassende Herrschaft Gottes, durch die er alle einzelnen Dinge und die Dinge insgesamt aufs Beste und Weiseste regiert, mit gebührender Demut erkennen, mit dankbarem Herzen rühmen und mit wahrer Herzensfrömmigkeit verehren; wenn wir alles, was wir zum Leben brauchen, von diesem allem genugtuenden und freigebigsten Lenker des Alls erbitten und ihm alles Gute zuschreiben, das wir empfangen haben; wenn wir – eingedenk der Gaben, welche die göttliche Vorsehung uns schon bisher reichlich zugewendet hat, und die aufmerksame Sorge Gottes für Dinge wahrnehmend, die weit unter uns stehen – ihm mit festem Vertrauen des Herzens anhängen und unsere misstrauische Sorge um das Künftige abschütteln; wenn wir in allen Widrigkeiten, die uns zustoßen, auf Gott schauen, in der Gewissheit, dass kein Haar von unserem Haupt gefallen ist oder fällt ohne seinen Willen, und wir daher Befreiung oder Linderung der Widrigkeiten von ihm erhoffen, selbst wenn alle Umstände uns entgegenzustehen scheinen; wenn wir, unverwandt auf das Glück der Gottlosen und die Mühlsal der Frommen sehend, unsere Seelen in Geduld fassen, nicht übermütig werden im Glück und im Unglück nicht verzweifeln; wenn wir uns schließlich in keinem Übel und in keiner Gefahr von diesem besten, weisesten und mächtigsten Lenker trennen lassen, sondern unerschütterlich glauben, dass durch seinen wunderbaren Rat uns alle Dinge zum Besten dienen müssen.

Johann Gerhard

Befiehl du deine Wege

Gotteslob 418 ö

2. *Dem Herren* musst du trauen, / wenn dir's soll wohlergehn, / auf sein Werk musst du schauen, / wenn dein Werk soll bestehn. / Mit Sorgen und mit Grämen / und mit selbsteigner Pein / lässt Gott sich gar nichts nehmen; / es muss erbeten sein.

3. *Dein* ewge Treu und Gnade, / o Vater, weiß und sieht, / was gut sei oder schade / dem sterblichen Geblüt: / Und was du dann erlesen, / das treibst du, starker Held, / und bringst zum Stand und Wesen, / was deinem Rat gefällt.

4. *Weg* hast du allerwegen, / an Mitteln fehlt dir's nicht; / dein Tun ist lauter Segen, / dein Gang ist lauter Licht. / Dein Werk kann niemand hindern, / dein Arbeit darf nicht ruhn, / wenn du, was deinen Kindern / ersprießlich ist, willst tun.

5. Mach End, o Herr, mach Ende / mit aller unsrer Not; / stärk unsre Füß und Hände / und lass bis in den Tod / uns allzeit deiner Pflege / und Treu empfohlen sein, / so gehen unsre Wege / gewiss zum Himmel ein.

T: Paul Gerhardt 1653, M: Bartholomäus Gesius 1603 / Georg Philipp Telemann 1730

Gott≈Vertrauen

Der große protestantische Liederdichter Paul Gerhardt (1607–1676) – nicht zu verwechseln mit dem hier bereits zitierten lutherischen Theologen Johann Gerhard (1582–1637) – ist im Stammteil des Gotteslob mit sieben Liedern vertreten. Das Vertrauenslied »Befiehl du deine Wege« ist einer seiner bekanntesten Choräle.

Die erste Strophe ist kirchenmusikalisch »geadelt«, denn sie erklingt in Johann Sebastian Bachs berühmter Matthäuspassion. Da singt, nach der Erwähnung des Landpflegers Pontius Pilatus, der Chor von der »allertreusten Pflege des, der den Himmel lenkt«. Dieses *ernste Spielen* mit Worten – »Landpfleger« (Bibelwort) und »allertreuste Pflege« (Liedstrophe) – gehört bereits für Paul Gerhardt zur geistlichen Dichtkunst. Reiht man nämlich bei seinem Choral die Anfangsworte aller 12 Strophen aneinander, so ergibt sich der Bibelvers »Befiehl dem Herren dein Weg und hoff auf ihn, er wird's wohl machen« (Psalm 37,5). Das Gotteslob beschränkt sich auf die ersten vier Strophen und den Schlussvers »Mach End, o Herr, mach Ende mit aller unsrer Not«.

Im theologischen Hintergrund steht eine bestimmte Facette der damaligen lutherischen Theologie, nämlich die Lehre von der *göttlichen Vorsehung* (providentia). Weil Gott alle menschlichen Wege kennt und sich um sie sorgt, dürfen wir ihm alles vertrauensvoll »anbefehlen« – so wie auch Jesus zum Vater gebetet hat: »Vater, in deine Hände befehle ich meinen Geist« (Lukas 23,46). Die Wege des Lebens und Glaubens werden in diesem Lied poetisch abgeschritten, vom ersten Schritt bis zum ewigen Ziel in der letzten Strophe: »... so gehen unsre Wege gewiss zum Himmel ein«. Die singenden Beter führen Monologe mit sich selbst (Strophen 1 und 2) und Dialoge mit Gott (Strophen 3 bis 5).

Die erste Strophe ordnet den eigenen Lebensweg in große *kosmische Bahnen* ein, um daraus – gerade in Zeiten persönlicher Um- und Irrwege – Trost zu schöpfen. Dass Gott alle irdischen Wege lenkt, wird in der Betrachtung der Gestirne, ja sogar der Wolken plausibel. So spiegeln sich die unendlichen Bahnen des Makrokosmos gleichsam im Mikrokosmos meiner persönlichen, bisweilen engen Pfade. Wie so oft nimmt Paul Gerhardt die *Phänomene der*

Natur zum Anknüpfungspunkt seiner theologischen Gedankengänge. Denken wir nur an das bekannte Lied »Geh aus, mein Herz, und suche Freud«.

Die zweite Strophe intensiviert die gewonnene Einsicht im Blick auf *Bitte und Vertrauen.* Der allmächtige Gott »lässt sich gar nichts nehmen« – aber bitten lässt er sich! Und eben dies befreit den Menschen vom Zwang zur Selbsterlösung, entlastet ihn vom »Sorgen« und »Grämen«. Auf das Schöpfungsthema der zweiten Strophe folgt in der dritten die Thematik der *»Erhaltung«*. Der ewige Vatergott liebt sein irdisches »Werk« so sehr, dass er es Tag für Tag umsorgt und am Leben erhält. In Paul Gerhardts Sprache: Er bringt es zum »Stand und Wesen«.

Die letzte Strophe vereint *Lebenskunst und Sterbekunst.* Alle irdischen Wege sind Schritte in Richtung des letzten Ganges, bei dem die leibliche und geistliche Stärkung am wichtigsten ist: »Stärk unsre Füß und Hände …«. Das Ziel ist der Himmel. Und an diese Gewissheit will dieses Lied erinnern. Wie sehr Paul Gerhardts Strophen persönlich prägend werden können, zeigt das Beispiel der Pädagogin und Widerstandskämpferin *Elisabeth von Thadden* (1890–1944). Die vom NS-Regime zum Tod Verurteilte und dann am 8. September 1944 in Berlin-Plötzensee Ermordete starb mit Paul Gerhardts Choral-Worten »Mach End, o Herr, mach Ende mit aller unsrer Not«.

24
Ich lobe meinen Gott von ganzem Herzen

Alain Bergèse, der Initiator des französischen Originals zu unserem Lied, berichtet über die Entstehung bei einer Gebirgstour: »Als wir den kleinen Pfad hinuntersteigen, der uns im Département Hautes-Alpes nach Freissinières führt, sind unsere Augen noch erfüllt von der großartigen Landschaft, die uns die Berge Anfang August 1975 bieten. In unseren Ohren klingen noch immer die Glocken der Kuhherden, die Schreie der Murmeltiere, das Wasser der Wasserfälle.« Am Abend beauftragt Bergèse zufällig Claude Fraysse mit der täglichen kleinen Andacht der Gruppe am nächsten Morgen. Dieser hat so etwas noch nie zuvor gemacht: »Ich habe gründlich in meiner Bibel geblättert, sie von allen Seiten gewendet, in meinem Gedächtnis gegraben und versucht, eine bedeutsame Erinnerung zu finden, nichts fiel mir wirklich ein: Es war wie Wüste!« Dann jedoch stößt er auf die Psalmen und erinnert sich, dass König David ein Harfenspieler war: »Unter Musikern müssten wir uns verstehen, und vielleicht könnte David mir helfen«, so geht es ihm durch den Kopf. In Psalm 9 Vers 3 findet er den für ihn existenziellen Satz: »Ich lobe deinen Namen, du Allerhöchster«. Nun fehlt nur noch die Musik, aber daran soll es nicht scheitern! »Am nächsten Morgen, bei der Andacht, schlug ich den Teilnehmern des Camps vor, meine neue und sehr frische Komposition zu lernen. Gemeinsam entdeckten wir die Kraft der Aussagen von Psalm 9. Welch wunderbarer Tag eröffnete sich uns! Am selben Abend konnten wir den Treffer dieses Liedes an der öffentlichen Versammlung unserer Evangelisation ermessen. Die Hymne des Camps war geboren!«

Klaus von Mering
mit Zitaten aus Mitteilungen von Zeitzeugen

Ich lobe meinen Gott von ganzem Herzen

Gotteslob 400 (ö)

T u. M: Claude Fraysse 1976 nach Psalm 9,2–3.8–10, Ü: 1. Str.: Gitta Leuschner 1980, 2. Str.: unbekannt

Lobpreis≈Musik

Zum musikalischen Spektrum des Gotteslob zählt unter der einprägsamen Nummer 400 auch dieser Beitrag aus der »Lobpreis-Szene«. Das zweistrophige Lied ist seit einigen Jahren bekannt und beliebt. Zudem hat es eine bemerkenswerte Entstehungsgeschichte.

Christen lesen nicht nur in der Bibel, dem »Buch der Bücher«, sondern auch im »Buch der Natur«. Das ist eine sehr alte Tradition, die beim Lied »Ich lobe meinen Gott von ganzem Herzen« aufs Neue lebendig wird. Inspirierend waren nämlich eine imposanten *Berglandschaft* zwischen Nizza und Grenoble in den französischen Alpen, und die biblische Botschaft von *Psalms 9*. Bibel und Natur im Zusammenklang!

So jedenfalls erzählt es der Autor Claude Fraysse (1941–2012). Das französische Original hat nur eine Strophe, die mit den Worten »Je louerai l'Eternel« einsetzt: »Ich lobe den Ewigen«. Das ist der Beginn des Psalms. Von den weiteren Versen, die sich auch mit den Feinden des Beters auseinandersetzen, hören wir nichts. Selbst die »Wunder«, die zu erzählen sind, kommen im Lied nicht zur Sprache. Aber das kann ja mit zusätzlich gesungenen Psalmversen oder mit rezitierten Texten geschehen.

Claude Fraysse war vielseitig talentiert. Er spielte Posaune, Tuba, Saxophon, Akkordeon und Querflöte. Als Mitglied eines Unterhaltungsorchesters musizierte er mit Künstlern wie Gilbert Bécaud, Charles Aznavour und Jacques Brel, die zudem seine Freunde waren. 1973 erlebt er die *Bekehrung* zum Christentum. Nun versteht er sich als »musikalischer Missionar« in der französisch-reformierten Kirche, die ihn 1993 offiziell als »Pfarrer mit musikalischen Aufgaben« in ihren Dienst nimmt.

Die deutsche Übersetzung der ersten Strophe verdanken wir *Gitta Leuschner* (geb. 1935). Bei einem Schweizer Festival hat sie das Lied im Jahr 1978 kennen gelernt und sogleich übersetzt. Beruflich war sie zunächst Lufthansa-Stewardess und dann, nach einem Bekehrungserlebnis, Mitarbeiterin beim internationalen charismatischen Missionswerk »Jugend mit einer Mission« auf Schloss Hurlach in Südbayern.

Weil nur ein Vers für ein Lied recht kurz ist, druckt das Evangelische Gesangbuch zusätzlich die originale französische Strophe ab. Beim Gotteslob hingegen entschied man sich für eine neutestamentlich inspirierte zweite Strophe unbekannter Herkunft, die Gottes Menschwerdung in Jesus Christus besingt. Das schließt gut an Strophe 1 an. Aber warum nicht immer wieder neue Strophen hinzudichten? So wie es etwa der Theologe und Seelsorger *Klaus von Mering* getan hat: »Ich lobe meinen Gott von ganzem Herzen. / Verschenken will ich mein Lied an die vielen, die noch nach Worten suchen. / Ich lobe meinen Gott und trau seinem Segen. / Er gibt sich auch dem, der noch nicht nach ihm fragt. Halleluja!«

Die rhythmisch bewegte *Melodie* passt bestens zu den Worten. Fünf Mal ein markanter Sextspung! Er gibt dem Lied, insbesondere im abschließenen Halleluja-Teil, den richtigen Schwung. Ein schlichter vierstimmiger Satz stammt von Alain Bergèse (geb. 1946). Dieser war Gitarrist und Lehrerkollege des Autors Fraysse an der Musikhochschule im französischen Romans. Im Übrigen war Bergèse derjenige, der Fraysse im August 1975 mit der Vorbereitung jener denkwürdigen Morgenandacht beauftragt hat, zu der das Lied entstanden ist …

25
Wohl denen, die da wandeln

Die Vertonung des Beckerschen Psalters [durch Heinrich Schütz] als Gegenstück zum Lobwasser-Psalter kann man als hochpolitische oder doch zumindest glaubenspolitische Angelegenheit betrachten, da sie den Lutherischen gab, was die Calvinisten schon hatten, und dies immerhin mitten im Krieg, den man zu dieser Zeit noch als einen Glaubenskrieg empfand. Schütz wird es bedacht haben.

Die Arbeit an dem Beckerschen Psalter hatte aber noch einen sehr persönlichen Hintergrund, den man nicht außer acht lassen darf: sie diente ihm, selbst Trost zu gewinnen nach dem Tod seiner Frau. Als ihn dieser Verlust traf, vertiefte er sich ganz in den Psalter. In der Beschäftigung mit dem Wort und seiner Umsetzung suchte er Heilung vom Schmerz und Genesung von seinen seelischen Wunden. [...]

Schütz hat damals Trostarbeit geleistet und nicht nur für sich selbst; er hat den Gemeinden, die in den Zeiten der Glaubensverfolgung und der Kriegsnöte nach dem Wort Gottes hungerten, in ihrer Landes- und Muttersprache gegeben, was sie brauchten. [...] Auch die der Ausgabe angehängten »Zwo Erinnerungen an den gutherzigen Leser« aus der Feder des Komponisten schließen nicht mit einer Anweisung zum guten und rechten Singen, sondern mit einer Tröstung im Glauben: »Der getreue Gott wolle zu diesen letzten betrübten Zeiten sein heiliges, reines, unverfälschtes Wort in Kirchen, Schulen und bei einem jedweden Hausvater in seinem Hause, wie durch reine gottselige Lehrer als auch durch geist- und trostreiche Lieder und Psalmen reichlich wohnen lassen, bis zu seines lieben Sohns, unsers Erlösers und Seligmachers gewünschter Zukunft, damit wir desselben in Liebe, Geduld und fröhlicher Hoffnung erwarten und zu derselben stets bereit erfunden werden mögen. Amen.« So steht es, so sprach der Prediger in ihm, ein Musicus theologicus, der sich Luther im Wort wusste.

Martin Gregor-Dellin

Wohl denen, die da wandeln

Gotteslob 543 ö

2. Von Herzensgrund ich spreche: / Dir sei Dank allezeit, / weil du mich lehrst die Rechte / deiner Gerechtigkeit. / Die Gnad auch ferner mir gewähr, / zu halten dein Gebote; / verlass mich nimmermehr.

3. Mein Herz hängt treu und feste / an dem, was dein Wort lehrt. / Herr, tu bei mir das Beste, / sonst ich zuschanden werd. / Wenn du mich leitest, treuer Gott, / so kann ich richtig gehen / den Weg deiner Gebot.

4. Lehr mich den Weg zum Leben, / führ mich nach deinem Wort, / so will ich Zeugnis geben / von dir, mein Heil und Hort. / Durch deinen Geist, Herr, stärke mich, / dass ich dein Wort festhalte, / von Herzen fürchte dich.

5. Dein Wort, Herr, nicht vergehet, / es bleibet ewiglich, / so weit der Himmel gehet, / der stets beweget sich. / Dein Wahrheit bleibt zu aller Zeit / gleichwie der Grund der Erde / durch deine Hand bereit'.

T: AÖL 1973 nach Cornelius Becker 1602 nach Psalm 119, M: Heinrich Schütz 1661

Psalm≈Lied

Christliches Singen »mit Herz und Mund« kennt neben den konfessionell unterschiedlichen Klängen heute auch einen »ökumenischen Grundton«. Protestanten singen Lieder aus katholischer Tradition; und Katholiken zum Beispiel das lutherische Psalmlied »Wohl denen, die da wandeln«.

Nicht weniger als 88 Strophen umfassst das Original dieses Chorals! Das verwundert nicht. Schließlich ist Psalm 119, von dem das Lied inspiriert ist, mit seinen 176 Versen das längste Gebet der Bibel. Thema dieser Meditation ist die *Weisung Gottes*, die das menschliche Leben erhellt. Unser Lied zum Psalm stammt von dem lutherischen Leipziger Theologen Cornelius Becker (1561–1604), die Melodie schuf der berühmte Dresdner Hofkapellmeister Heinrich Schütz (1585–1672).

Mit seinen Chorälen zu sämtlichen Psalmen, dem sogenannten »Becker-Psalter«, schuf *Cornelius Becker* um 1600 eine Alternative zum beliebten »Genfer Psalter«, der damals schon in Ambrosius Lobwassers deutscher Fassung vorlag. Der Lutheraner Becker blickte sorgenvoll auf den Erfolg des Genfer Psalters bei jenen, deren »Atem nach dem Calvinismo reucht«. Übrigens sind bald auch Beckers Psalmlieder wegen »falscher Lehr« kritisiert worden, nämlich von dem Katholiken Caspar Ulenberg. Dieser unternahm eine weitere Bereimung, um auch das Gotteslob der »Papisten« auf den Psalter zu stimmen. So spiegeln sich die konfessionellen Dissonanzen des 17. Jahrhunderts gleichsam in miteinander konkurrierenden Liedpsaltern.

Heinrich Schütz hat Beckers Psalter vollständig vertont. Sein Ergebnis empfiehlt dieser große protestantisch-musikalische Ausleger der Bibel nicht nur den Kirchen und Schulen, sondern »einem jeden Hausvater in seinem Hause«. Heute will ja auch das katholische »Gotteslob« (2013) ein Kirchenbuch und »Hausbuch« sein!

Cornelius Becker hatte im Jahr 1602 für seine Psalmlieder zunächst nur altbekannte *Melodien* vorgesehen. Schütz aber war der Meinung, dass die Lieder nicht »gleichsam mit geborgter Kleidung in christlichen Versammlungen erscheinen« sollen. Indem Schütz den Psalter Beckers zum Liederbuch macht, gerät ihm das Werk zugleich zum *Lebens- und Glaubensbuch.* Nach nur zweijähriger

Ehe war im September 1625 seine Frau Magdalena gestorben. Und da kommt dieses »Psalterbüchlein« in seine Hände. Das Komponieren nennt er sogar die »Trösterin in meiner Traurigkeit«.

Mit dem Lied »Wohl denen, die wandeln« können Christen aller *Konfessionen* das besingen, was uns schon eint: das Bekenntnis zum Wort Gottes. Es kennt viele Obertöne, die entlang der fünf Strophen anklingen: Weisung, Gebote, Weg, zeugnishafte Antwort – und in der letzten Strophe dann der große Bogen von Schöpfung bis Vollendung. All dies verdankt sich dem »Wort des lebendigen Gottes«.

Die *Melodie* von Heinrich Schütz zeichnet sich durch große Sanglichkeit aus. Wenn der Kirchenchor den bekannten vierstimmigen Satz singt, gelingt vielleicht sogar ein strophischer Wechsel zwischen Chor und Gemeinde – und bei ökumenischen Gottesdiensten eine konfessionell abwechselnde »Klangregie«, damit bei der letzten Strophe alle gemeinsam in dieses ö-Lied einstimmen. Dann sind Psalmlieder nicht mehr ein konfessioneller Zankapfel, sondern gesungene Ökumene!

26
Lobe den Herrn, meine Seele

Ergebnis

Nach dem morgendlichen
Gang über die
Psalmbrücke

drehe ich mich nicht
mehr um die eigene
Achse

ich atme die alten
Heilworte in meine
Tagängste

und bin
guter Hoffnung

Wilhelm Bruners

Lobe den Herrn, meine Seele

Gotteslob-Eigenteil Freiburg-Rottenburg 838

T: Norbert Kissel nach Psalm 103, 1991, M: Norbert Kissel 1991

Kirchen≈Kanon

Das Gotteslob will viele musikalische Horizonte weiten: mit Liedern und Gesängen verschiedener Epochen, Konfessionen und Regionen. Neue Möglichkeiten gibt es aber nicht nur im Blick auf die Werke, sondern auch bei der »Aufführungspraxis«. Nicht immer müssen alle alles singen. Eine Alternative sind Kanons.

Dieser schwungvolle Kanon ist auf Kirchentagen bereits sehr populär geworden. Der Autor *Norbert Kissel* ist hauptamtlich Schulleiter und zudem nebenberuflicher Kirchenmusiker der evangelischen Michaelsgemeinde Wieseck (Gießen). Den Text entnimmt er Psalm 103, einem jüdischen Loblied auf Gottes Heilshandeln. Die *Seele* (näfäsch) fordert sich selbst zum Gotteslob auf. Diese Verse sind der »Aufgesang« des hebräischen Psalms, dessen Grundaussage dann später beispielhaft konkretisiert wird. Wird nur der Beginn des Psalms gesungen, dann kann jede und jeder das, »was er dir Gutes getan hat«, mit persönlichen Erfahrungen füllen.

Die Musik ist sehr eingängig, sogar mit einer Tendenz zum Ohrwurm! Und gerade so eröffnen sich Chancen, das *Kanonsingen* in Gruppen und Gemeinden einzuführen. Für manche ist das eine ganz neue Erfahrung, wie die beiden Stimmen sich gegenseitig ergänzen und stützen! Wichtig dabei sind mehrere musikalische »Zutaten«: von Anfang an eine klare Tempovorstellung (und zwei »Schläge« pro Takt), damit die verschiedenen Rhythmen (durchlaufende Achtel und punktierte Viertel) gut »übereinander« kommen; eine gute Begleitung, am besten akkordisch (Orgel, Klavier, Gitarre) und melodisch (Flöte, Klarinette, Trompete …) – dann haben beide Kanonstimmen eine melodische Stütze; klare dirigentische Signale des gut sichtbaren Leiters, damit die Gemeinde die Aufteilung in die beiden Kanongruppen gut versteht und alle glücklich in den Schluss kommen; am besten eine chorische Unterstützung in der Nähe oder, besser noch, inmitten der Gemeinde, wobei jeweils eine Hälfte des Chores oder der Schola die entsprechende Gruppe der Gemeinde unterstützt.

Liturgisch lässt sich dieser Kanon vielfach einsetzen: in der Messfeier als Antwortpsalm, wobei noch Psalmverse hinzukommen sollten, oder als Dankgesang nach der Kommunion; in der Tagzeitenliturgie als Psalm (mit Versen). Selbst im Freien kann der Gesang gut gelingen, wenn eine Gitarre als akkordisches Begleitinstrument mit dabei ist. Hinzu kommen können auch die originalen *Strophen,* die das Lob präzisieren und musikalisch den harmonischen Raum weiten: »Der meine Sünden vergeben hat, der mich von Krankheit gesund gemacht, den will ich preisen mit Psalmen und Weisen, von Herzen ihm ewiglich singen: Lobe den Herrn, meine Seele …«

27
Wunderbar bist du, o Herr

Wie soll ich beten? Ich habe Folgendes gelernt: Beginne nicht mit Worten. Beginne nicht zu »beten«, sondern lass dich zuerst in die Freude der Gottesliebe führen. Heiße dich mit deiner Seele in der Gottesgegenwart willkommen, dein Mund wird lächeln, dein Atem wird ruhig, dein Herz empfängt und empfindet eine liebende Gegenwart, bevor du den ersten Gedanken denkst oder Worte sprichst. Platze also in die Zeit des Betens nicht mit Plappern hinein. Die Freude an der Freude Gottes ist der Raum deines Gebets, komm darin zur Ruhe und finde durch die liebende Gegenwart in diese Einvernehmlichkeit mit Gott, so wirst du Gott vernehmen – in seinem Dasein, seinem Ansehen, seinem Reden und seinem Schweigen. Jesus sagte: »Wenn ihr betet, sollt ihr nicht viel plappern wie die Heiden; denn sie meinen, sie werden erhört, wenn sie viele Worte machen« (Matthäus 6,7).

Es gibt die erstaunliche Erfahrung des dialogischen Betens: Ich merke immer wieder, wie meine Meditation erst dann beginnt, konzentriert und mühelos zu werden, wenn sie zum Gebet wird. Das banale Ich ist nicht spannend und macht die Meditation so mühsam; je mehr das Ich spirituelle Erfahrung sucht, desto kümmerlicher und fruchtloser wird es. Denn Gebet ist nicht Erfahrung, sondern Begegnung. Das Eintauchen in das Du Gottes schenkt den Gebetszeiten ihre Innigkeit, Versunkenheit und Mühelosigkeit. Es ist eine liebende Zuneigung, ein müheloses Ruhen im Du Gottes. Weil es nicht um Erfahrung geht, ist es mühelos.

Diese Art zu beten ist eine liebende Konzentration, die nicht durch Anstrengung, sondern durch Freude entsteht, und sie beginnt, wenn dir bewusst wird, dass du im Dasein Gottes verweilst. Da werden die Gedanken langsam und alles wird von Dankbarkeit und Ruhe erfüllt.

Martin Schleske

Wunderbar bist du, o Herr

Gotteslob-Eigenteil Freiburg-Rottenburg 834

4. Meine Hoffnung bist nur du. / Dir allein vertraue ich. / Herr, du hast mich neu gemacht!

5. Lobt den Vater für den Sohn; / Mensch geworden durch den Geist. / Er hat uns am Kreuz erlöst.

6. Neigt voll Ehrfucht euer Haupt / vor des Vaters ew'gem Wort. / Beuget eure Knie vor ihm.

7. Sei gepriesen, sei gelobt, / angebetet und verehrt, / sei verherrlicht und gerühmt!

8. Dreimal heilig bist du, Gott. / Dir sei Ehre, Lob und Preis; / heute und in Ewigkeit!

T: Gemeinschaft Emmanuel, deutsche Übersetzung: Thomas Csanády und Roger Ibounigg 1974, M: Sr. Therèse Donnet 1974

Knie≈Beuge

Ein Anbetungslied. Das neue Gotteslob will ja Lieder für möglichst viele gottesdienstliche Situationen bereit stellen. Hier begegnet uns die »Gemeinschaft Emmanuel« (Gott mit uns), die 1972 in Frankreich entstand und heute in mehr als 70 Ländern tätig ist.

Diese Gemeinschaft ist marianisch und charismatisch orientiert. Sie hat etwa 10 000 Mitglieder, denen die Verbindung von Glaube und Alltag besonders wichtig ist. Große Treffen finden jedes Jahr in Altötting statt. Wie aber klingt Anbetung? Zum Beispiel als *»Lobpreis-Lied«*. Im Gotteslob-Stammteil finden wir aus dem Emmanuel-Repertoire das bekannte »Atme in uns, Heiliger Geist« (GL 346) als sehr vitales Lied mit einem fast ekstatischen Impuls.

»Wunderbar bist du, o Herr« ist hingegen ein *kontemplativer Gesang:* lauter enge Tonschritte, Beginn bei jeder Zeile auf der zweiten Zählzeit, ruhig schwingender Dreiertakt. In der Tradition eucharistischer Gesänge wollen die Worte das Geheimnis Christi rühmend umkreisen. Wer könnte es auch erfassen? Die erste Strophe gilt dem »Herrn«, die zweite ist eine Selbstaufforderung der Seele zu seinem Lob, bei der das »Magnificat« der Gottesmutter Maria anklingt. Die dritte Strophe nennt den, der Gott und Mensch verbindet: der Geist, der in mir wohnt, der »Herr ist und lebendig macht« (Credo) – poetisch und in der »Tonart« des Gebets sehr geglückt umschrieben mit »… durch dein Leben lebe ich«.

Weitere Themen sind Hoffnung und Vertrauen (Strophe 4), das Lob der Trinität und das erlösende Kreuz Christi (5), bevor Strophe 6 die körperlichen Haltungen der Anbetung – Verneigung und Kniebeuge – nennt, ja dazu auffordert. Die vorletzte Strophe entfaltet einige Facetten des Lobens – preisen, anbeten, verehren, rühmen, … –, bevor die letzte alles trinitarisch und zeitlich-ewig zusammenfasst, ganz wie bei einem klassischen Hymnus.

Dazu passt, nun musikalisch, sehr gut die *kirchentonale Prägung* (hypomixolydisch). So entsteht nicht die für Dur und Moll charakteristische Spannung zwischen Leitton und Grundton, sondern ein eher schwebender Gestus. Ganz wichtig sind zudem die Harmonien. Die erste und die zweite Zeile beschreiben eine harmonische Öffnung von d-Moll nach F-Dur. Die letzte Zeile kehrt dann über den Akkord auf der Dominante A – der nur hier erklingt! – zur Grundtonart zurück. Damit aber nicht nur die Grundtonart, sondern ganz am Schluss auch der Grundton D erreicht wird, hat das Gotteslob noch ein »Amen, amen« (GL 835) angefügt.

Dieses Lied entfaltet sich am besten als *Wechselgesang.* Dabei kann etwa eine Chorgruppe die ungeraden Strophen mehrstimmig im Wechsel mit der Gemeinde (gerade Strophen) singen. Insgesamt sollte auf eine akkordische Begleitung – Tasteninstrument oder Gitarre – nicht verzichtet werden. Bei einer längeren Zeit der Anbetung können zwischen den gesungenen Strophen auch musikalische Improvisationen oder solistisch gesungene Bibelverse erklingen.

28
Jesus, dir leb ich

Grabschrift

»Mein bist du«
Spricht der Tod
Und will groß Meister sein.
Umsonst –
Mir hat mein Herr
Versprochen: Du bist mein.

Albrecht Goes

Jesus, dir leb ich

Gotteslob 367

T: 1. Str.: Martin Luther nach Röm 14,8;
2. Str.: Stuttgart 1838, M: Franz Bihler 1760–1823

Sterbe≈Kunst

Manch »geflügeltes Wort« wird später einem berühmten Autor in den Mund gelegt, selbst wenn er es vielleicht nie gesagt hat. So gilt das Motto »Wer singt, betet doppelt« als Wort des Kirchenvaters Augustinus, obwohl man es in seinen Schriften vergeblich sucht. Ähnlich verhält es sich mit Luther und dem Lied »Jesus, dir leb ich, Jesus, dir sterb ich«.

Ist Martin Luther wirklich der Verfasser? Anhand der *Quellenangaben* im Gotteslob gehen wir auf die Suche. Und sind überrascht: Wer das Gotteslob nämlich aufmerksam studiert, findet dieses Stoßgebet gleich zwei Mal. Die Worte stehen im Gebetsteil »Vor Gottes Angesicht« bei Nr. 6,7 mit dem Hinweis auf ein katholisches Liederbuch »aus Liegnitz, Schlesien« (1828). Vertont aber finden wir dieselbe und eine zweite Strophe unter der Nr. 367, nun jedoch mit der Verfasserangabe »Martin Luther nach Römer 14,8«.

Auch wenn sich dieses Gebet in Luthers gedruckten Werken nicht finden lässt, wird es ihm doch bereits zwanzig Jahre nach seinem Tod ausdrücklich zugeschrieben. Mitsamt dem Hinweis auf die Bibelstelle aus dem *Römerbrief*, wo Paulus davon spricht, dass keiner nur für sich selber lebt oder stirbt. Denn, nun in Luthers Übersetzung: »Leben wir, so leben wir dem Herrn; sterben wir, so sterben wir dem Herrn. Darum, ob wir leben oder sterben, so sind wir des Herren.« So soll Luther jeden Abend gebetet haben. Und zwar im Wortlaut »O Jesu Christe, dir leb ich, dir sterb ist, dein bin ich, tot oder lebendig«.

Wie sehr solche Gedanken damals »in der Luft lagen« oder ob Luther sich von irgend einem Gebetbüchlein hat inspirieren lassen, bleibt ungewiss. Der Name des Reformators steht mit Fug und Recht unter diesem Lied, weil es keinen früheren Beleg für einen anderen Verfasser der ersten Strophe gibt. Nach dem »Ich« des ersten Verses bringt Strophe 2 die *»Wir«-Perspektive* ins Spiel: »O sei uns gnädig …« Auf das persönliche Gelöbnis mit den kantigen Pauluswortenund dem Schlusswort »Tod« folgt – nun aus einem katholischen Gesangbuch des Bistums Rottenburg – das innige Gebet mit dem hoffenden Schlusswort »Seligkeit«.

Katholischen Ursprungs ist aber nicht nur die zweite Strophe, sondern auch die Melodie. Sie ist einprägsam und schmiegt sich den Worten geradezu an. Ihr Komponist *Franz Bihler* (1760–1823) stammt aus dem Schwäbischen. Nach Schuljahren in der Abtei Neresheim und dem Studium der Theologie trat er ins Benediktinerkloster Heilig Kreuz bei Donauwörth ein. Nach zehn Jahren verließ er das Kloster wieder, um zunächst Organist in Bozen und dann Domkapellmeister in Augsburg zu werden.

Der Text des Liedes zeigt uns die biblisch-lutherische Frömmigkeit vor 500 Jahren: mit dem täglichen, direkt aus der Bibel geschöpften Gebet. Die Klänge jedoch führen in die katholisch-deutsche Kirchenmusik, wie sie vor 200 Jahren aktuell war. Erstmals steht die Melodie in einem Heft mit volkssprachlichen Gesängen zum *»Traueramt«,* zu singen »unter der Wandlung«, und zwar »sehr langsam«. In einer späteren Fassung »für zwei Singstimmen und Orgel« heißt Franz Bihlers Vortragsanweisung »langsam und andächtig«.

Und heute? Dieses Lied will gesungene Sterbekunst sein, mitten im Leben. Es ist ein komponiertes Stoßgebet, zumal ja »doppelt betet, wer singt«. Obwohl es noch kein »ö« im Gotteslob hat, sollte es zum *ökumenischen Lied* werden. Und vielleicht werden sogar zukünftige protestantische Gesangbücher dieses Luther-Gebet mit katholischer Melodie neu entdecken.

29
Wäre Gesanges voll unser Mund

Wäre unser Mund voll Gesang wie das Meer, und unsere Zunge voll Jauchzen, wie Wellen tosen, unsere Lippen des Lobes so voll, dass der weite Himmel hineinpasste; wären unsere Augen leuchtend wie Sonne und Mond, und unsere Hände ausgespannt wie die Schwingen der Adler am Himmel; wären unsere Füße so flink wie die der Hirsche – selbst dann reichte es nicht, dir zu danken Ewiger, unser Gott, deinen Namen zu loben für eine der vielen tausend und abertausend Wohltaten, die du unseren Vorfahren und uns erwiesen hast.

Jüdisches Gebet »Nischmat«

Wäre Gesanges voll unser Mund

Gotteslob-Eigenteil Freiburg-Rottenburg 831

C6 D H C
1 Rau - schen, klän - ge der
2 Strah - len, trü - gen die
3 Schwin - gen, schütz - ten wir
4 nen - nen, da du
D Em D C
1 Ju - bel von Her - zens - grund
2 Fü - ße uns leicht wie im Tanz,
3 so un - ser Er - den - haus,
4 uns so viel Gu - tes ge - tan,
B♭/F F
1 schön, dass die En - gel selbst
2 weg von den Nö - ten und
3 dass al - le Kin - der gern
4 da - ran wir dich, Gott, er -
C4 - 3 D4 - 3 G
1 lau - schen,
2 Qua - len,
3 sin - gen,
4 ken - nen,
1–4 so reich - te es
Hm7 C9 D
nicht, es reich - te doch nicht,
G Hm7
dich, Gott, un - sern
dich, Gott, un - sern
dich, Gott,

T: Eugen Eckert (geb. 1954), M: Alejandro Veciana, S: Roberto Confucio

Lob≈Gesang

Kann Musik Religionen verbinden? Die Autoren dieses bekannten Neuen geistlichen Liedes versuchen es. Ihr Grundmotiv stammt aus einem jüdischen Gebet aus der Pessach-Feier: Gott ist immer größer als unser Denken und Danken.

In Frankfurt am Main haben Bauarbeiter im Jahr 1987 Reste des *jüdischen Ghettos* entdeckt, die nach kontroversen Diskussionen in das »Museum Judengasse« integriert wurden. Wieder zeigte sich, wie belastet das Verhältnis zwischen Juden und Christen ist. Die Hochschätzung der alttestamentlichen Psalmen etwa ging oft einher mit einer Abwertung des Judentums bis zu offener Feindseligkeit.

Dem wollten die Autoren dieses Liedes ein *klingendes Denkmal* jüdisch-christlicher Geschwisterlichkeit entgegen setzen. Der Gitarrist und Komponist Alejandro Veciana (geb. 1962) ist Mitglied der Gruppe »Habakuk«. Eugen Eckert (geb. 1954) ist evangelischer Studentenpfarrer an der Goethe-Universität Frankfurt und zudem seit 2007 Stadionpfarrer der Commerzbank-Arena. Ihre Inspirationsquelle ist kein biblischer Text, sondern das *»Nischmat«*, ein altes Gebet der jüdischen Spiritualität, das am Schabbat sowie bei der Sederfeier an Pessach rezitiert wird.

Können Christen aber so einfach in dieses jüdische Gotteslob einstimmen? Ja und Nein. Sie können es nicht, wenn die Gefahr besteht, die jüdischen Worte zu vereinnahmen oder gar die ursprünglichen Beterinnen und Beter spirituell zu enteignen. Wohl deshalb hat Eugen Eckert den Dank für die Rettung aus Ägypten ausgelassen. Das ist und bleibt der Dank der Juden. Er gehört ihnen allein, wenngleich auch die Christen in der *Osternacht* sich daran erinnern.

Mit einem Konjunktiv hebt jede Strophe an: »Wäre«, »Stünde«, »Spannte«, »Läge«. Und mit einem Indikativ schließt jeder Vers: »dich zu loben«. Weil es steigernd angelegt ist – einstimmig, dann zweistimmig, schließlich vierstimmig –, ist das Lied insgesamt ein Aufruf zum Gotteslob! Die Singenden singen gegen ihre eigenen Vorbehalte an. Das Lied sammelt und verbindet sie. Und es nennt wichtige Motive der jüdischen wie christlichen Religion: die Musik als Singen mit *Mund und Herz,* so dass selbst die im Gesang bestens bewanderten Engel diesen Erdentönen lauschen (Strophe 1); die Freude der glänzenden Augen und die Leichtigkeit des Tanzens (2); das gegenseitige Helfen im Bild der adlergleich ausgebreiteten Hände über den Kinderstimmen (3); das Dankgebet schließlich, das in ein »Erkennen« Gottes mündet, das jüdisch wie christlich vom Lieben nicht zu trennen ist.

Immer klingt ein »Oberton« mit, der eigentlich das Fundament bildet: *»Deus semper major«* – Gott ist größer als unsere menschlichen Versuche, ihn zu verstehen und zu loben. Das meint nicht, dass das Lob verstummen soll! Es braucht dazu immer neue Anläufe, die einzelne Facetten des göttlichen Du in menschliche Worte fassen. Ein besonders gelungener musikalischer Versuch, die Größe Gottes staunend zu besingen, ist dieses Lied. Die *Pausen* in den Stophen signalisieren, dass es nicht nur auf das Singen ankommt, sondern auch auf das Innehalten und Hören. Der mehrstimmige Refrain ist steigernd angelegt, um an Ende im Lob Gottes auszuklingen. So zu loben, das ist ebenso wichtig wie der Konjunktiv, der das Lob in Frage stellt. Dieses Lied hat die Balance beider Gesten gefunden.

30
Mit dir, Maria, singen wir

Das Lied Mariens

Niemand als du. Keiner der
Götter ward mein Befreier.
Niemand hat dies Kind der
Sklaven auch nur gesehn.
Meine Seele. Mein Herz. Mein Weg.
Atem, der in mir atmet,
Lied, das ich nicht lassen kann
während des Gehens.

Neues Lied, die alte Geschichte
von Knechtschaft und von Elend,
von Erbarmen und Rettung,
einst und aufs Neue und noch.
Er, der zähmte das Urmeer,
zähmt die Stolzen der Erde,
Übermächtige schlägt er
wie Strohfeuer auseinander.

Reicher, gähnend vor Leere,
plötzlich bleibst du nirgends.
Kein Silberling mehr übrig,
kein Goldfaden am Leib.
Du aber, Armer, du wirst leben,
Recht finden. Endlich Ruhe.
Für dich Brot, Wein, Land, Rosen,
Liebe, aufgehende Sonne.

Huub Oosterhuis, nach Lukas 1,46–55

Mit dir, Maria, singen wir

Gotteslob-Eigenteil Freiburg-Rottenburg 887

3. Dein Jubel steckt auch heute an, / österlich klingt er, Ton um Ton: / Großes hat Gott an dir getan. / Großes wirkt unter uns dein Sohn. *Kv*

4. Hell strahlt dein Lied durch jede Nacht, / pflanzt fort die Lebensmelodie: / Es kommt, der satt und fröhlich macht, der deinem Lied den Glanz verlieh. *Kv*

T: Eugen Eckert (nach dem französischen Original aus Chartres), M: Jean-Claude Gianadda

Lebens≈Melodie

Marienlieder aller Epochen gehören zum Schatz insbesondere der katholischen Kirchenmusik. Zu den Liedern im Gotteslob-Stammteil kommen Beiträge etliche Eigenteile wie dieses neue Magnificat.

Das von Eugen Eckert 1994 nach einer französischen Vorlage verfasste Lied setzt gleich zu Beginn einen wichtigen Akzent. Es heißt nicht »zu dir« singen wir, sondern »Mit dir, Maria …«. Der Gesang, den wir mit Maria singen, ist ihr Lobgesang aus dem Lukasevangelium, das *Magnificat* – als erstes und wichtigstes Marien-Lied! Diese Verse wurden unzählige Male vertont und oftmals auch in deutsche Reime gebracht.

Zudem ist das Magnificat ökumenisch. Hat doch *Martin Luther* es in einer Vorlesung 1521 sehr schön ausgelegt. Er sieht Maria als Vorsängerin im Glauben. Sie setzt fort, was Miriam, die Schwester des Mose, als »berufene Ruferin« mit Pauke und Stimme begonnen hat: das neue Lied von Gottes rettendem Handeln, in das alle einstimmen. Martin Luther: Maria »hat nicht für sich allein, sondern für uns alle gesungen, auf dass wir ihr nachsingen«.

Dieses »Nachsingen« verbindet uns, hier und heute, mit den *alttestamentlichen Psalmen* als biblischem Hintergrund des Magnificat. Und es verbindet uns mit vielen früheren Generationen christlicher Sänger, die sich bereits mit dem Lobgesang der Maria identifiziert haben: mit gregorianischen Melodien in Klöstern und Pfarreien, mit opulent-konzertanter Barockmusik und hier mit einem Neuen geistlichen Lied, das seine Wurzeln im Chanson hat. *Jean-Claude Gianadda* versteht sich als »Troubadour des guten Gottes«. Hunderte von Liedern hat er mit dem Ziel der musikalischen Verkündigung komponiert.

Das Lied ist schlüssig aufgebaut. Der *Refrain* spielt mit dem Wort »Tragen«: die Hoffnung trägt unser Leben, weil Maria, als sie das Magnificat gesungen hat, bereits Jesus in ihrem Schoß getragen hat. Strophe 1 widmet sich den Phänomen »Tag und Nacht« und ist deshalb eine *Schöpfungsstrophe.* Dann folgt – poetisch gleichsam eingespannt zwischen Leid und Sieg – das *Thema der Erlösung.* Die dritte Strophe bedenkt die Spannung zwischen damals und heute, bevor der letzte Vers mit dem Stichwort »Lebensmelodie« die Hoffnung auf den kommenden Retter im Sinne der *Vollendung* zur Geltung bringt.

Jede Strophe können wir mit einem *Marienbild* mitsamt Gesang in Verbindung bringen. Die erste Strophe lässt an die Szene »Mariä Heimsuchung« denken: Maria besucht ihre Base Elisabeth und stimmt dort das Magnificat an. »Tränen, Kreuz und Leid« in Strophe 2 beziehen sich auf Maria unter dem Kreuz, was musikalisch dem »Stabat mater dolorosa« (Christi Mutter stand mit Schmerzen) und bildhaft der Pieta entspricht. In der dritten Strophe hat Maria Anteil am Osterjubel, musikalisch »Regina coeli laetare« (Freu dich, du Himmelskönigin), bildhaft die Marienkrönung. In Strophe 4 kommt dann nochmals das Motiv des »Liedes« zur Geltung, von dem alles ausgegangen war. Wir singen die Noten, der »Glanz« aber, auf den es ankommt, er kommt von ihm, den wir im Magnificat mit Maria besingen und bejubeln.

IV
BIBLISCHE GESÄNGE
Schöpfung bis Vollendung

In der Poesie des Singens sind wir uns selber voraus – unseren Einsichten, unseren Argumenten, unserem Zwiespalt. Wie an keiner anderen Stelle tut man beim Singen, als könnte man schon glauben. Wir geraten in der Musik und mit den Liedern in den Bereich der Schönheit. Die Schönheit heilt. Sie lehrt uns lächeln – wer täte es nicht bei Paul Gerhardts »Narzissus und Tulipan«? Sie lehrt uns weinen wie das »Wenn ich einmal soll scheiden«. Sie lehrt uns Zartheit wie jenes weihnachtliche »Brich an, du schönes Morgenlicht«. Die Schönheit und die Gnade sind leibliche Geschwister, und sie begegnen uns am dichtesten in den Liedern. Lieber würde ich im Gottesdienst auf die Predigt verzichten als auf die Lieder.

Die Lieder, die ich schon lange gesungen habe, sind wie ein altes Formular, in das ich im Laufe meines Lebens meine Ängste, meinen Schmerz und mein Glück eingetragen habe. Diese Lieder sind aber auch die Lieder meiner Toten, meiner verstorbenen Frau, meines Vaters und meiner Mutter und deren Toten. Sie haben sie vor mir gesungen, und die Gesänge sind gewaschen mit den Hoffnungen und den Tränen der Toten. Keiner muss nur er selber sein und an der eigenen Glaubenskärglichkeit verhungern. Die Toten nehmen uns hinein in ihre Sprache und damit in ihren Glauben.

Fulbert Steffensky

31
Behutsam leise nimmst du fort

Laudes

Lob dem
der den Morgen
für dich weckt

wie ein Wunder
wenn wir wieder wach werden
nach todschwerem Schlaf

im Morgengrauen kommen
alle Farben wieder
aus dem nächtlichen Versteck

deine Träume aber
bleiben zurück
am Ufer der Nacht

wenn nach Schreckstunden des Dunkels
der Morgen die Augen aufschlägt
geh ihm singend entgegen

erwache ins Lob
und das Lob weckt dir die Welt
dass sie dir singe

Andreas Knapp

Behutsam leise nimmst du fort

Gotteslob 82

T: Raymund Weber 2004; M: Christoph Seeger 2004

4. Es werde Trost in langen Stunden / für alle, die gefesselt sind, / an Krankheit, Angst und Not gebunden, / für Mann und Frau, für Greis und Kind. / Es werde Trost für die Menschen in jedem Land. / Halt über uns deine segnende Hand. *Kv*

T: Raymund Weber 2004, M: Christoph Seeger 2004

Schöpfer≈Wort

Das Morgenlied von Raymund Weber (Worte) und Christoph Seeger (Musik) kreist um die Themen Schöpfung und Segen. Jeder Morgen ist ein neuer Schöpfungsmorgen, Geschenk und Auftrag zugleich.

»Es beginnt mit leisen Tönen – wie die Dämmerung unmerklich, aber stetig mehr aus der Dunkelheit das Licht des neuen Tages aufscheinen lässt.« So beschreibt *Raymund Weber* (geb. 1939), Theologe und Germanist in Köln, den Anfang seines Liedes, das für den Weltjugendtag 2005 in Köln entstanden ist. Das komponierte Morgengebet richtet sich in vertrauter »Du«-Anrede an den Schöpfer. »Es werde!« – so heißt das wirkmächtige *Schöpferwort* gemäß dem biblischen Zeugnis im Buch Genesis. Im Lied wird es durch eine

Punktierung rhythmisch bekräftigt. Der Kehrvers ist ein poetisch-musikalisches Stimmungsbild der Morgenstunde.

Auf die Beschreibung folgt die Deutung. Jeder neue Tag verdankt sich dem göttlichen Wort »Es werde«. So ergänzen sich die beiden wichtigen theologischen Aspekte Schöpfung und Erhaltung. Gott hat die Welt ja nicht nur ins Leben gerufen, er erhält sie Tag für Tag. Besonders deutlich ist dieses Motiv im abschließenden *Refrain* jeder Strophe. Denn nun werden Beschreibung (Was geschieht?) und Deutung (Warum geschieht es?) mit der bittenden Aneignung ergänzt, die immer nach dem Sinn für mich und für uns fragt. Hier ist es der Sinn »... für die Menschen in jedem Land«. In zeitlicher Perspektive kommt es nun zur Ergänzung des »Damals« (Schöpfung) und des »Heute« (Morgen) in Richtung der immerwährenden Bewahrung: »Halt über uns deine segnende Hand.«

Wie ein Echo auf das erste »Es werde« klingen die vier Strophen mit den Themen »Es werde Licht« (1), »Kraft« (2), »Glück« (3) und »Trost« (4). Der Komponist *Christoph Seeger* (geb. 1968), der in Düsseldorf wirkt, bemerkt dazu: »Die Strophen beginnen mit dem tiefsten Ton und schwingen sich zum Spitzenton c auf, folgen also der aufgehenden Sonne.« Zudem spielt das Lied hier mit verschiedenen Quantitäten und Qualitäten von Zeit: von »diesem Morgen« (1) und »diesem Tag« (2) über »Augenblicke« (3) bis zu »langen Stunden« (4).

Das *Licht* macht alles, was uns begegnet – Altes und Neues – überhaupt erst zugänglich: sichtbar und verstehbar. Zum Wahrnehmen kommt in Strophe 2 das aktive Gestalten, das Kraft benötigt. Nicht nur Gott spricht, auch die Menschen geben Zeugnis von ihrem Glauben, wenn sie mit Fragen »zur Rede gestellt« werden. Im Hintergrund steht vielleicht die Bibelstelle 1 Petrus 3,15: »Gebt Rechenschaft von eurer Hoffnung!«

Nicht nur der Dank prägt dieses Lied. Auch das *Bitten* kommt zu Wort. Raymund Weber: »Es möge an diesem Tag werden, entstehen, da sein, sich entfalten, was er uns zugedacht hat. So steht am Ende jeder Strophe die Bitte, Gott möge seinen Segen dazu geben, dass nicht unser, sondern sein Wille geschieht und das Leben für Menschen in allen Ländern der Erde lebenswert ist.«

32
Noch ehe die Sonne am Himmel stand

In das Dunkel deiner Vergangenheit
und in das Ungewisse deiner Zukunft,
in den Segen deines Wohlwollens
und in das Elend deiner Ohnmacht
lege ich meine Zusage: Ich bin da.

In das Spiel deiner Gefühle
und in den Ernst deiner Gedanken,
in den Reichtum deines Schweigens
und in die Armut deiner Sprache
lege ich meine Zusage: Ich bin da.

In die Fülle deiner Aufgaben
und in deine leere Geschäftigkeit,
in die Vielzahl deiner Fähigkeiten
und in die Grenzen deiner Begabung
lege ich meine Zusage: Ich bin da.

In das Gelingen deiner Gespräche
und in die Langeweile deines Betens,
in die Freude deines Erfolges
und in den Schmerz deines Versagens
lege ich meine Zusage: Ich bin da.

In die Enge deines Alltags
und in die Weite deiner Träume
und in die Kräfte deines Herzens
lege ich meine Zusage: Ich bin da.

Paul Weismantel

Noch ehe die Sonne am Himmel stand

Gotteslob 434 ö

3. Der du unsre Zeit in Händen hältst, / sei gnädig, gib die Kraft, / der Todesnot zu widerstehn, / die Menschenhochmut schafft. / Du bist Gott, unser Gott, die Zuflucht ...

4. Der du deine Kinder sterben lässt, / gib Weisheit, unsre Zeit / in Lob und Klage zu bestehn, / und sei im Tod nicht weit. / Du bist Gott, unser Gott, die Zuflucht ...

T: Eugen Eckert 1991 nach Ps 90, M: Sergej Andrewitsch Bazuk (1910–1973)

Zufluchts≈Ort

»Der Tod könnte ausgedrückt werden durch eine Pause«, notiert Ludwig van Beethoven am Rand eines Notenblattes. Bei diesem Lied ist es ganz ähnlich. Kurz vor Schuss, bei den Worten »dir leben wir, dir sterben wir«, steht über der letzten Note eine sogenannte Fermate, auf die eine Atempause folgt.

Die Fermate zeigt an, dass dieser Ton länger auszuhalten ist als notiert. Ganz organisch schließt sich eine Zäsur mitsamt Atemimpuls an, und dann folgt als Zusammenfassung die *Quintessenz* »Wir gehen von dir zu dir«. Der Schlussklang erreicht den Grundton, der somit dem ersten und dem letzten Wort vorbehalten ist. Auch die harmonische Spannung – am deutlichsten erfahrbar bei den Tönen e und b am Beginn der zweiten Zeile – löst sich erst ganz am Ende. All das ist erstaunlich, weil die Musik ja älter ist als die Worte!

Die Melodie dieses von Psalm 90 inspirierten Liedes stammt von dem ukrainischen Chorleiter, Komponisten und Baptistenpastor *Sergej Andrewitsch Bazuk* (1910–1973). Den Text schuf 1991 *Eugen Eckert* (geb. 1954), der in Frankfurt protestantischer Seelsorger für Studierende und Stadionpfarrer der Commerzbank-Arena ist.

Im Hintergrund steht durchweg *Psalm 90*, ein gesungenes Gebet über Gottes Ewigkeit und die menschliche Vergänglichkeit. Das damit verwandte Motiv »Unsere Zeit in Gottes Händen« (Psalm 31,16) war 1989 das Motto des Evangelischen Kirchentags in Berlin. Und im Blick darauf entstand der Liedtext. Die Melodie fand Eugen Eckert in einem Evangelisch-Baptistischen Gesangbuch bei einem Lied mit dem Titel »In Zeichen des Leides«.

Der *Refrain* vertont den Anfangsvers von Psalm 90: »Herr, du bist unsere Zuflucht für und für«. Dieses »für und für« meint: im Leben wie im Sterben. Noch in zwei weiteren Gotteslob-Liedern begegnet uns ein ganz ähnlicher Gedanke: im neuen Lied »Und suchst du meine Sünde« (GL 274) von Schalom Ben-Chorin heißt es: »… flieh ich von dir zu dir«, und im alten Stoßgebet »Jesus, dir leb ich, Jesus dir sterb ich, …« (GL 367) singen wir »Jesus, dein bin ich im Leben und im Tod«. Eugen Eckert denkt noch intensiver an die geschenkte Zeit des gesamten Lebensweges, wenn er in der

Schlusszeile formuliert »Wir gehen von dir zu dir« – und musikalisch auf dem Grundton endet.

Dieses Lied beschreibt *Gottes Wirken* als Thema mit Variationen: Er ruft Himmel und Erde ins Dasein (Strophe 1), er »beatmet« und umsorgt geduldig alles Lebendige (2). Sogar die Zeit hält er in seiner Hand (3). Anstößig wirkt Strophe 4: »Der du deine Kinder sterben lässt …« Will Gott denn, dass unschuldige Kinder sterben? Gemeint ist, dass er alles ins Dasein schickt und auch wieder zu sich ruft, wie es der 90. Psalm in der Luther-Übersetzung umschreibt: »Kommt wieder, ihr Menschenkinder«. Der Tod gehört zum Leben. Und dazu passt gut der Protest gegen die von »Menschenhochmut« geschaffene »Todesnot«! Geglückt ist hier nicht nur eine »Übersetzung« des alten Psalms in unsere Gegenwart, sondern auch eine singbare Einübung in die Vergänglichkeit. Das Fazit heißt: Lebenskunst ist Sterbekunst, und Sterbekunst ist Lebenskunst – in den Klängen wie in den Pausen.

33
Wenn ich, o Schöpfer, deine Macht

Gott erkennen, das muss die erste Pflicht, und die beständige Fortsetzung dieser Pflicht die höchste Glückseligkeit sein. Wir können Gott nie zu groß, nie zu liebenswürdig denken. In dem Begriffe von ihm muss alles zusammengefasst werden, was nur vollkommen heißt, alles, was uns die Vernunft als liebenswürdig anpreiset, was uns die Schöpfung und Erhaltung der Welt Großes und Gutes darstellt. Denn Himmel und Erde verkündigen uns seine Größe und Güte. Von ihnen zeugt jedes Gestirn am Himmel, jede Pflanze auf dem Erdboden, jeder Tropfen im Meere, jeder Pulsschlag unsers Herzens, jede Empfindung, jeder Gedanke unsrer Seele, jeder heimliche Vorwurf des Gewissens, jede innerliche Freude eines vollbrachten Guten; seine Größe und Güte zu erkennen, fordert uns jede wunderbare Spur seiner weisen Regierung, jeder Beweis seiner unermesslichen Liebe, jedes Merkmal seiner gerechten Haushaltung auf.

Aus der Betrachtung, aus der achtsamen Beschauung seiner unzähligen und weisheitsvollen Werke und unser selbst, muss natürlicher Weise *Ehrfurcht* und *Bewunderung* entstehen. Wen, so denkt der vernünftige Mensch, wen soll ich anbeten und verehren und über alles verehren, als den Herrn über alles? Ich, ein Geschöpf von gestern her, der ich vor kurzem nicht war, ich Bewohner dieser nicht von mir erbauten Erde, ich Zuschauer so vieler Wunder, die überall vor mir aufgestellt sind, ich lebender Staub; ich denkende und wollende Seele; wer schuf mich? Warum liebe ich? Warum hasse ich? Warum hoffe und fürchte ich? Wer hat mich so bereitet, dass ich unzähliger froher Empfindungen fähig bin? Wer erhält mich, und, wie mich, alle Gegenstände meiner Seele und Sinne? Wer ist es? Der Allmächtige!

Christian Fürchtegott Gellert

Wenn ich, o Schöpfer, deine Macht

Gotteslob 463 ö

2. Mein Auge sieht, wohin es blickt, / die Wunder deiner Werke; / der Himmel, prächtig ausgeschmückt, / preist dich, du Gott der Stärke. / Wer hat die Sonn an ihm erhöht? / Wer kleidet sie mit Majestät? / Wer ruft dem Heer der Sterne?

3. Wer misst dem Winde seinen Lauf? / Wer heißt die Himmel regnen? / Wer schließt den Schoß der Erde auf, / mit Vorrat uns zu segnen? / O Gott der Macht und Herrlichkeit, / Gott, deine Güte reicht so weit, / so weit die Wolken reichen.

4. Dich predigt Sonnenschein und Sturm, / dich preist der Sand am Meere. / Bringt, ruft auch der geringste Wurm, / bringt meinem Schöpfer Ehre! / Mich, ruft der Baum in seiner Pracht, / mich, ruft die Saat, hat Gott gemacht; / bringt unserm Schöpfer Ehre!

5. Der Mensch, ein Leib, den deine Hand / so wunderbar bereitet, / der Mensch, ein Geist, den sein Verstand / dich zu erkennen leitet: / Der Mensch, der Schöpfung Ruhm und Preis, / ist sich ein täglicher Beweis / von deiner Güt und Größe.

6. Erheb ihn ewig, o mein Geist, / erhebe seinen Namen; / Gott unser Vater sei gepreist, / und alle Welt sag Amen, / und alle Welt fürcht ihren Herrn / und hoff auf ihn und dien ihm gern. / Wer wollte Gott nicht dienen?

T: Christian Fürchtegott Gellert 1757, M: Peter Sohren 1668, Halle 1704

Gottes≈Beweis

Der Dichter Christian Fürchtegott Gellert (1715–1769) kennt die Bibel, das »Buch der Bücher«. Und zugleich liest er im »Buch der Natur«. Aus seiner berühmten Sammlung »Geistliche Oden und Lieder« stammt dieses neu ins Gotteslob aufgenommene Schöpfungslob.

»Nicht groß von Gestalt, zierlich, aber nicht hager, sanfte, eher traurige Augen, eine sehr schöne Stirn, eine nicht übertriebene Habichtsnase, einen feinen Mund …« – so beschreibt *Goethe* den Verfasser dieses Liedes. Und der Dichterfürst muss es wissen, saß er doch an der Universität Leipzig unter den Hörern in Gellerts Vorlesungen über »Philosophie, Beredsamkeit und Moral«.

Gellert entstammt einem protestantischen Pfarrhaus im sächsischen Erzgebirge. Nach dem Theologiestudium wird der zeitlebens körperlich und seelisch Angegriffene jedoch nicht Pfarrer. Er widmet sich ganz der *Wissenschaft.* Insbesondere seine Fabeln machen ihn bald zum populären Schriftsteller.

Denken und Beten finden in diesem Lied zur Einheit. Die Sängerinnen und Sänger sollen »anbetend überlegen«. Was für eine Formulierung für den *Zusammenklang* von Danken und Denken! Die Vernunft darf sich nicht gottlos in Gedankengebäuden versteigen. Vielmehr münden ihre Argumente in Staunen und Andacht. Doch auch die Andacht soll sich nicht bar jeder Vernunft und gedankenlos in Emotionen verstricken!

Gellert betet, indem er argumentiert, sozusagen laut denkt: »Wenn ich, o Schöpfer, deine Macht …« Wie so viele Aufklärer greift er den Gedanken auf, dass unser Gotteslob weit hinter dem zurückbleibt, den es lobt und erreichen will. Schweigen ist aber erst recht keine Lösung. Also dichtet Gellert, obwohl er gar nicht weiß, wie er Gott »erheben soll«, immerhin sieben Strophen. Sie sind rhetorisch geschliffen und zugleich erbaulich, manchmal auch belehrend.

Ausgangspunkt ist die *Schöpfung* – wunderbar in ihrer Vielfalt. Vor allem aber »predigt« sie von Gottes Macht und Weisheit. Weil kein Ding auf Erden sich selbst hervorgebracht hat, gilt die Ehre dem göttlichen Schöpfer, der alles ins Dasein ruft. Was für die Sonne gilt, trifft auch auf den Wurm zu. Kein Geschöpf ist göttlich, aber alle preisen Gott schon dadurch, dass sie da sind. Entscheidend ist Strophe 5: Der Mensch als Einheit von Leib und Geist »ist sich ein täglicher Beweis« für Gottes Güte und Größe. Bei dieser Aussage, die dem menschlichen Geist sehr viel zutraut und Christus nicht nennt, werden vielleicht nicht mehr alle mitgehen wollen.

Wenn in Strophe 7 »alle Welt« ihr »Amen« sagt, zitiert Gellert die biblische Botschaft der *Psalmen:* »Alles, was atmet, lobe den Herrn!« (Psalm 150). Das ganze Lied ist auf die Themen Schöpfung und Gotteslob gestimmt. Es liest im »Buch der Natur«, vergisst darüber jedoch die Bibel nicht. Typisch für die Geisteswelt der Aufklärung sind die vielen pädagogischen Fragen. Ja, das Lied endet sogar mit einer Frage, die den Horizont des Schöpfungsthemas in Richtung des *Gottesdienstes* weitet: »Wer wollte Gott nicht dienen?«

34
Erfreue dich, Himmel, erfreue dich, Erde

Halleluja!
Lobt den Herrn vom Himmel her, * lobt ihn in den Höhen:
Lobt ihn, all seine Engel, * lobt ihn, all seine Heerscharen,
lobt ihn, Sonne und Mond, * lobt ihn, all ihr leuchtenden Sterne;
lobt ihn, ihr Himmel der Himmel, * ihr Wasser über dem Himmel!
Loben sollen sie den Namen des HERRN; * denn er gebot und sie waren erschaffen.
Er stellte sie hin für immer und ewig, * ein Gesetz gab er – und nie vergeht es.
Lobt den HERRN von der Erde her: * ihr Ungeheuer des Meeres und alle Tiefen,
Feuer und Hagel, Schnee und Nebel, * du Sturmwind, der sein Wort vollzieht,
ihr Berge und all ihr Hügel, * ihr Fruchtbäume und alle Zedern,
ihr Tiere alle, wilde und zahme, * ihr Kriechtiere und ihr gefiederten Vögel,
ihr Könige der Erde und alle Völker, * ihr Fürsten und alle Richter der Erde,
ihr jungen Männer und auch ihr jungen Frauen, * ihr Alten mit den Jungen!
Loben sollen sie den Namen des HERRN; denn sein Name allein ist erhaben, * seine Hoheit strahlt über Erde und Himmel.
Er hat erhöht die Macht seines Volks, zum Lob für all seine Frommen, * für die Kinder Israels, das Volk, das ihm nahe ist.
Halleluja!

Psalm 148

Erfreue dich, Himmel, erfreue dich, Erde

Gotteslob 467 ö

4. Ihr Wüsten und Weiden, Gebirg und Geklüfte, / ihr Tiere des Feldes, ihr Vögel der Lüfte. *Kv*

5. Ihr Männer und Frauen, ihr Kinder und Greise, / ihr Kleinen und Großen, einfältig und weise. *Kv*

6. Erd, Wasser, Luft, Feuer und himmlische Flammen, / ihr Menschen und Engel, stimmt alle zusammen. *Kv*

T: 1. und 6. Str.: nach Straßburg 1697, 2.–5. Str.: Maria Luise Thurmair 1963 nach Psalm 148, M: Augsburg 1669 / Bamberg 1691

Freuden≈Fest

Viele Kirchenlieder klingen wie ein Echo der Psalmen. So auch dieser tänzerische Hymnus, angestimmt von der ganzen Schöpfung im fröhlichen Dreiertakt. Den weihnachtlichen Ursprung bemerkt dabei nur, wer die Entstehungsgeschichte in den Blick nimmt.

Ein bekanntes und beliebtes Lied! Seine Geschichte beginnt in *Straßburg*. Dort erschien 1697 ein Gesangbuch mit dem Titel »Neu-Vollkommen Catholisches Gesangbuch«. Darin steht unser Lied mit fünf Strophen und dem Refrain »Auf Erden hier unten, im Himmel dort oben, das Kindlein im Krippelein wollen wir loben«. Sogar eine Überschrift steht darüber: »Allgemeines Freuden-Fest Himmels und der Erden«. Damit ist Weihnachten gemeint!

Leider fehlt jeder Hinweis auf die Autoren von Wort und Musik. Dennoch lässt sich die tänzerische Melodie bis in die Mitte des 17. Jahrhunderts zurückverfolgen. In *Augsburg* auf die Worte »Mit hallenden Stimmen, mit klatschenden Händen« gedruckt, hat auch sie eine poetisch kraftvolle Überschrift: »Harfen Davids mit teutschen Saiten bespannet«. So wird das deutschsprachige Gotteslob in die Tradition der alttestamentlichen Psalmen gestellt.

Um das heutige Lied besser zu verstehen, müssen wir uns in die Zeit um 1960 zurück versetzen. Kurz vor dem Zweiten Vatikanischen Konzil gab es Versuche, den Kirchengesang in deutscher Sprache zu fördern. Unter anderem sollte damals die in *Freiburg* erschienene und weit verbreitete Sammlung »Kirchenlied« aus dem Jahr 1938 um ein zweites Bändchen erweitert werden. Und dafür erging ein Auftrag zur Umgestaltung unseres Liedes an die Münchener Theologin Maria Luise Thurmair (1912–2005). Sie ist eine der erfolgreichsten Liedautorinnen des 20. Jahrhunderts, deren Name im Gotteslob 2013 unter mehr als 30 Liedern und Gesängen steht.

Wie geht *Maria Luise Thurmair* vor? Sie bewahrt die alte Rahmung des Straßburger Liedes, dichtet aber die Strophen 2 bis 5 ganz neu. Als biblische Vorlage wählt sie Psalm 148 aus dem großen hymnischen Finale des Psalters. Ihr Lied »singt nun«, so die Autorin, »Strophe um Strophe dem Psalm entlang« mit »Sonne, Mond, Sterne, alle Himmel und ihr Wasser über dem Himmel«.

Die preisenden Psalmverse stellen das Gotteslob des Volkes Israel in einen weiten kosmischen Zusammenhang. Lob ist die Antwort der gesamten Schöpfung auf ihr Dasein. Selbst Seeungeheuer, Sturmwind und Hagel stimmen da schnaubend, brausend und prasselnd mit ein!

Die Dichterin lenkt das anonyme Lob des alten Liedes, das dem Krippenkind galt, poetisch geschickt auf den »gütigen Vater« um. Hören wir sie selbst: »Die Schlussstrophe fasst alles noch einmal zusammen: Erde, Wasser, Luft und Feuer, Menschen und Engel, alle sollen einstimmen in das große Lob Gottes.« Zudem »modernisiert« sie behutsam die Botschaft von Psalm 148. Aus dem alten *Weltbild* mit »Wassern über dem Himmel« werden nun »Sonnen« (im Plural!) und unendlich ferne »Räume des Alls«. Auch gewinnt die ständische Ordnung des Psalms – mit Königen und Fürsten bis hin zur »normalen« Jugend – in Strophe 5 eher integrative Züge. Die Kirche als bunte Vielfalt, »einfältig und weise«, ist geeint durch das vielstimmige Lob des Schöpfergottes. Und singend weiß sie sich verbunden mit den Engeln und Heiligen, ihren himmlischen »Kollegen«.

35
Herr, nimm auch uns zum Tabor mit

Man kann es wagen, die Verklärung eine vorweggenommene Auferstehung zu nennen, denn beides sind Augenblicke, in welchen Christus in seinem Eigentlichen erscheint. Nur die Zeit trennt die beiden verschiedenen Male, also nichts, da es ja gerade die Zertrümmerung der Zeitlichkeit ist. Es ist der Christus der Gleichzeitigkeit, der in diesen Bildern erscheint.

Also, der Auferstandene wird aus der Verklärung verstanden. Wie schön. Dann ist die Auferstehung ja eigentlich überhaupt nicht mehr *nicht* zu verstehn. Denn was Verklärung, ganz allgemein, ist, kann in seinen kleinen Verhältnissen Aller und Jeder erfahren. Und erfährt es. Wenn anders Verklärung der Durchbruch des Eigentlichen durchs Schemenhafte, des Lebendigen durch die Schatten, des Geliebten durchs Ungeliebte und die Ankunft des Langerwarteten ist, so weiß jeder, dass solche Momente es sind, um derentwillen wir leben. Verklärung ist Durchschein des Urbilds. Das wird von jedem Geborenen erhofft. Wir leben auf Verklärung zu, worauf sollten wir sonst, es ist unsere angeborene Hoffnung. Mag es auch nur ein Handgeld, mag es auch nur ein erster, niederer Grund sein, was wir mit unseren beschränkten Organen erfahren: was es heißt, wenn sich uns ein Mensch, eine Heimat, ein Wort, ein im Vertrauen gesprochener Satz, wenn sich uns eine Stunde verklärt, das können wir immerhin wissen. Wo sonst auch knüpften wir an?

Wenn also die Griechen die Verklärungsgeschichte so lieben, so ist das ein lebenvertrauender Zug. Verklärung gehört zu unserer Erfahrung, sie gehört zu unserem Leben. Mit ihr beginnt erst das Leben.

Erhart Kästner

Herr, nimm auch uns zum Tabor mit

Gotteslob 363

2. Lass leuchten deine Herrlichkeit, / von der die Seher künden! / Mach uns für Gottes Reich bereit, / wo alle Mühen münden. *Kv*

3. Dann geh mit uns vom Berg hinab / ins Tal der Alltagssorgen / und sei uns Weg und Wanderstab / durchs Kreuz zum Ostermorgen. *Kv*

T: Peter Gerloff 2001, M: Richard Mailänder 2007

Gipfel≈Glück

588 Meter ist er hoch, der Berg Tabor am Rand der Jesreelebene in Galiläa, etwa 20 Kilometer westlich vom See Gennesaret. Hier spielt die Verklärung Jesu, zu der Peter Gerloff und Richard Mailänder ein Lied geschaffen haben.

Richard Mailänder (geb. 1958) ist Kirchenmusikdirektor des Erzbistums Köln, zudem Herausgeber von Büchern und Noten sowie Komponist. Betrachten wir seine Melodie, so liegt der Gedanke an eine *Bergtour* gar nicht fern! Also starten wir auf dem Grundton d und nehmen schon mal das Ziel in den Blick: den gleichen Ton, aber eine Oktav höher. Der dritte Ton a im zweiten Takt gleicht einem Etappenziel. Nach dem Wiederholungszeichen setzen wir zum Endspurt an und erklimmen im letzten Takt erneut den Grundton, nun aber auf einer speziellen Route über den Leitton cis. Das könnte etwas beschwerlich sein. Aber wenn die Orgelbegleitung gut führt und wir gut atmen, wie bei jeder Bergtour, wird es gelingen!

Im Gotteslob ist das eine nicht ganz einfache, aber besonders ausdrucksstarke Melodie. Die Worte bleiben eng am Evangelium von der *Verklärung* (Markus 9, Lukas 9, Matthäus 17). Die Jünger damals waren Petrus, Jakobus und Johannes. Heute singen wir: »Herr, nimm auch uns zum Tabor mit«. Und zwar in der Hoffnung des Refrains »Du wirst auch uns verklären, Herr der Herren«. Bestimmt ist es kein Zufall, dass zu diesen Worten sich die Töne verändern, indem h zu b wird und c zu cis.

Der Priester und Liederdichter *Peter Gerloff* (geb. 1957) will, dass die Gemeinde sich gleichsam in die biblische Geschichte aus dem Leben Jesu hineinsingt. Auf zwei Personen, mit denen Jesus auf dem Berg Tabor spricht, verzichtet er: Mose und Elija. Dafür legt er den Akzent auf die Lichtsymbolik: »Lass leuchten deine Herrlichkeit«.

Im Zentrum steht das wichtigste Wort der Botschaft Jesu: »Gottes Reich«. Dafür hat er gelebt, dafür ist er gestorben; und seine Auferstehung ist nichts anderes als die Heimkehr in das Reich Gottes. Was meint dann Verklärung? In ihr beglaubigt Gott die

Sendung seines Sohnes mit den Worten »Das ist mein geliebter Sohn, auf ihn sollt ihr hören«.

Die Jünger sind von ihrer *Taborstunde* beeindruckt. Petrus will drei Hütten bauen. Aber diese Offenbarung lässt sich nicht in irdische Hütten einsperren. Die Kirchenväter nannten diesen gut gemeinten Vorschlag »zwar nicht sündig, aber doch unangebracht«. Auch das Lied verzichtet darauf. Viel wichtiger ist, dass bei der Verklärung eine erste Ahnung von der Herrlichkeit des Herrn aufscheint; ein »Stück vorweggenommene Osterherrlichkeit«, so der Schweizer Bibelwissenschaftler Ulrich Luz. Die Verklärung ist ein österliches Präludium. Worum es geht, sagt das Lied schlicht und ganz im Sinne der Fastenzeit: »Mach uns für Gottes Reich bereit«.

Alte Lieder münden oft in ein Klangbild der Vollendung, mit himmlischer Musik und dem Neuen Lied an Gottes Thron. Neuere Lieder legen größeren Wert auf die *Sendung* hier und heute, den Abstieg »ins Tal der Alltagssorgen« – aber mit Jesus als Begleiter. Die dritte Strophe nennt ihn »Weg und Wanderstab«, indem sie nochmals die geistliche Route absteckt. Sie führt vom Kreuz bis zum Ostermorgen.

36
O Gott, dein Wille schuf die Welt

Vesper

was du heute gesehen hast
überschau es noch einmal
im wärmenden abendlicht

nichts gelebtes geht verloren
immer nimmst du innen
alles erinnert mit dir

perfektion und erfolg
mögen dein tagwerk beenden
doch nur der dank vollendet alles

selbst was missglückt ist und zerbrochen
wird im liebevollen rückblick
noch verwandelt und versöhnt

und in der abenddämmerung des sterbens
zählt am ende nur ob du dein leben
ganz im licht der liebe sehen kannst

Andreas Knapp

O Gott, dein Wille schuf die Welt

Gotteslob 628

4. Wenn uns die Sonne untergeht / und Finsternis den Tag beschließt, / kennt unser Glaube keine Nacht: / Im Dunkel strahlt sein Licht uns auf.

5. Den Sohn und Vater bitten wir / und auch den Geist, der beide eint: / Du starker Gott, Dreifaltigkeit, / behüte, die auf dich vertraun.

T: nach Ambrosius von Mailand (gest. 397), »Deus creator omnium«, Ü: Friedrich Dörr 1978, M: nach Robert Schumann 1839

Rund≈Gesang

Dieses Gotteslob-Abendlied ist noch wenig bekannt. Es steht nicht vorne bei den Abendliedern, sondern als Hymnus im Ablauf der Vesper. Die Worte stammen vom spätantiken Kirchenvater Ambrosius, die Melodie hat kein Geringerer als Robert Schumann komponiert. Freilich konnten beide nichts voneinander wissen.

Wer im nicht mehr ganz neuen Gebet- und Gesangbuch hin und wieder auch das Kleingedruckte liest, stößt bei den Lied-Autoren auf große Namen, die im alten Gotteslob noch nicht zu finden waren. Zu den *Komponisten* zählen neuerdings auch Johann Sebastian Bach, Franz Schubert und Nicolai Rimski-Korsakow. Als berühmte Liederdichter sind Matthias Claudius, Schalom Ben-Chorin und Dietrich Bonhoeffer neu hinzugekommen.

Eine weitere Neuerung sind die stark vermehrten Hymnen, deren Anzahl nun fast vierzig beträgt. Diese alten gesungenen Gebete, ursprünglich in lateinischer Sprache, sind voller Theologie. Ein besonders berühmter Verfasser ist der in Trier geborene *Ambrosius* (339–397), der als Bischof von Mailand gewirkt hat. Sein Schüler Augustinus ist ein Beter unseres Abendliedes »Deus creator omnium« (wörtlich: Gott, du Schöpfer aller Wesen), das er sogar hin und wieder in seinen Werken zitiert. In den »Bekenntnissen« schreibt er: »Wie weinte ich bei den Hymnen und Gesängen auf dich, mächtig bewegt vom Wohlklang dieser Lieder deiner Kirche. Die Melodien gingen ins Ohr und die Wahrheit traf ins Herz.«

Von welcher *Wahrheit* singt dieser Ambrosianische Hymnus? Gott ist der Schöpfer aller Dinge (Strophe 1). Unser Lobgesang ist die Antwort auf sein schaffendes Wort (2). Alles will ihn preisen: Seele und Mund, Geist und Herz (3). In der vierten Strophe wird dann die äußere Nacht zum Impuls, sich auf das innere Licht des Glaubens zu besinnen. Der letzte Vers mündet in ein Stoßgebet, das Augustinus auch aus dem Mund seiner Mutter Monika vernommen hat: »Den Betern hilf, dreifaltiger Gott!« Einen kleinen Wermutstropfen gibt es dennoch: Die deutsche Übertragung des Eichstätter Theologen Friedrich Dörr (1908–1993) zeichnet sich zwar durch eine »einfache, klare und ruhig fließende Sprache aus«; allerdings entfallen drei Strophen des Originals, »und zwar genau die, die vom Schlaf sprechen« (Ansgar Franz).

Wie aber soll der Hymnus gesungen werden? Hier waren die Gotteslob-Macher unter dem Vorsitz des Kölner Erzdiözesankirchenmusikdirektors Richard Mailänder sehr findig, was Respekt verdient. In einem methodistischen Liederbuch, gedruckt 1989 im amerikanischen *Nashville,* fand sich eine passende Melodie mit der rätselhaften Angabe »komponiert von Robert Schumann«. Hat der Romantiker auch Kirchenlieder geschrieben? Im »Album für die Jugend«, das manche noch aus dem Klavierunterricht kennen, steht gleich unter Nr. 4 »Ein Choral«. Aber der ist es nicht! Es ist eine liedhafte Melodie aus den »Nachtstücken« op. 23,4 für Klavier. Dass bereits Schumann hier an ein *»Lied ohne Worte«* im Volkston gedacht hat, zeigt die Überschrift »Rundgesang mit Solostimmen«, die er in einem Brief andeutet.

Schumanns Musik aus dem Jahr 1839 passt bestens zu den mehr als 1500 Jahre zuvor entstandenen Worten des Ambrosius. Aus dem Lied ohne Worte wird so ein eingängiges abendliches Kirchenlied. Der Text ist ebenso ein Meisterstück wie die Melodie. Der besondere Kunstgriff im neuen Gotteslob aber ist die Verbindung beider. Darauf muss man erst einmal kommen.

37
Nun ruhen alle Wälder

Abendlied

Danke, Herr, für diese Nacht!
Arbeit hat mich müd gemacht.
Hilf, dass Gutes aus ihr wird
für die Menschen auf der Erd.

Gabst uns, Herr, das täglich Brot.
Viele leiden Hunger, Not.
Wehr dem Unrecht und der Plag,
dass die Nacht bald werde Tag.

Schenke, Herr, den Kranken Schlaf,
allen auch, die Unglück traf.
Mach uns morgen neu bereit,
andern beizustehn im Leid.

Wache, Herr, wenn wir jetzt ruhn,
leucht uns durch die Träume nun.
Gib, dass morgen Arbeit find't,
die jetzt ohne Arbeit sind.

Mond und Sterne überall,
ruhig kreist dein Erdenball.
Lass ihn, Herr, auch weiterhin
kreisen und lebendig blühn.

Kurt Marti

Nun ruhen alle Wälder

Gotteslob 101 (ö)

4. Der Leib eilt nun zur Ruhe, / legt ab das Kleid und Schuhe, / das Bild der Sterblichkeit; die zieh ich aus: Dagegen / wird Christus mir anlegen / den Rock der Ehr und Herrlichkeit.

5. Nun geht, ihr matten Glieder, / geht hin und legt euch nieder, / der Betten ihr begehrt. / Es kommen Stund und Zeiten, / da man euch wird bereiten / zur Ruh ein Bettlein in der Erd.

6. Breit aus die Flügel beide, / o Jesu, meine Freude, / und nimm dein Küchlein ein. / Will Satan mich verschlingen, / so lass die Englein singen: / »Dies Kind soll unverletzet sein.«

7. Auch euch, ihr meine Lieben, / soll heute nicht betrüben / kein Unfall noch Gefahr. / Gott lass euch selig schlafen, / stell euch die güldnen Waffen / ums Bett und seiner Engel Schar.

T: Paul Gerhardt 1647, M: nach Heinrich Isaac um 1495 /1505, bei Georg Forster 1539, Einheitslieder 1947

Nacht≈Ruhe

Lieder müssen sich viel gefallen lassen. Zu diesem berühmten Choral gibt es eine Kritik des Preußenkönigs Friedrich der Große. Ihn störte, dass »die ganze Welt« schläft, obwohl das doch gar nicht stimmt! Dennoch aber, so der König, steht es jedem frei, »dergleichen töricht und dummes Zeug« zu singen.

Der protestantische Theologe und Liederdichter Paul Gerhardt (1607–1676) hat das Lied verfasst, als er in Berlin Hauslehrer war. Erstmals veröffentlicht wurde es von Gerhardts Freund Johann Crüger, Kantor in Berlin, im einflussreichen Gesangbuch »Praxis pietatis melica«. Paul Gerhardt ist ein Meister und Lehrer der *Betrachtung*. Deshalb setzen die meisten Strophen mit einer Naturbeschreibung ein, die dann in der zweiten Vershälfte geistlich vertieft wird: von der Welt zu ihrem Schöpfer (1), die Sonne als Jesus (2), die Sterne als Bild für die Menschen bei Gott (3), das alte irdische und das neue himmlische Kleid (4) …

Letztlich geht es um ein Sich-Vertrautmachen, ja Sich-Einüben in die *Vergänglichkeit*, verbunden mit der Hoffnung auf das ewige Leben. Deshalb wird es in der ersten Strophenhälfte – beim zeitigen Zubettgehen – immer dunkler; die zweite Hälfte jedoch leuchtet von Strophe zu Strophe immer heller, weil die »Sinne« sich hier auf das Überzeitliche ausrichten.

Wenige Worte bedürfen der *Erläuterung:* »Sinne« meint »Gedanken, Gemüt und Begierden« (Gabriel Wimmer im Liedkommentar, 1749), »Küchlein« sind die Küken unter dem Schutz der Henne (vgl. Matthäus 23,37). Zubettgehen heißt also: sich in göttlichen Schutz begeben. Gerhardt formuliert das freilich im Horizont des lutherischen Prinzips »sola gratia«: Jesus nimmt die Küken unter seine Fittiche. Und alle jetzt womöglich noch aktiven bedrohlichen Mächte, verkörpert im »Satan«, schlägt der Engelsgesang förmlich in die Flucht. So ähnlich steht es schon in *Luthers Abendsegen,* der bei diesem Lied – neben Vergil, Johann Rist, Paul Fleming und Johann Arndt – Pate gestanden hat. Bei *Luther* heißt es: »Ich danke dir, mein himmlischer Vater, durch Jesus Christus, deinen lieben Sohn, dass du mich diesen Tag gnädiglich behütet hast, und bitte dich, du wollest mir vergeben alle meine Sünde, wo ich Unrecht getan habe, und mich diese Nacht auch gnädiglich behüten. Denn ich befehle mich, meinen Leib und Seele und alles in deine Hände. Dein heiliger Engel sei mit mir, dass der böse Feind keine Macht an mir finde. Alsdann flugs und fröhlich geschlafen.«

Die Rezeption gleicht einer *»Erfolgsgeschichte«,* allerdings mit Zustimmung und Widerspruch. Sogar »Weiterdichtungen« als Morgenlied sind zu verzeichnen. Doch bald kamen aufklärerisch Gesinnte und nahmen Anstoß. Und nachdem sich schon im 19. Jahrhundert der große Theologe Friedrich Schleiermacher kaum für das Lied erwärmen konnte, zitiert es 1976 der Freiburger Psychoanalytiker Tilman Moser in seinem Buch »Gottesvergiftung« bei aller Kritik als »ein Stück verdichteter Harmonie«. Günter Grass wiederum druckt den Liedtext als quasi klassisches Beispiel für Barockdichtung im Anhang seiner Erzählung »Das Treffen in Telgte« (1979) ab.

38
Größer als alle Bedrängnis

Die Texte Silja Walters sind Ausdruck ihrer lebendigen Suche nach Gott. In ihnen spiegeln sich Fragen, Zweifel und Gottesferne ebenso wider wie Freude und Freiheit aus der Begegnung mit Christus. Ihre Bilder sind konkret und gleichzeitig offen, so dass sie Raum geben für den jeweiligen Ausgangspunkt, die Lebenssituation der Leserinnen und Leser. In ihnen hat das ganze Leben mit all seinen Facetten Platz, ob nun Leid oder Schmerz, Suchen und Ringen. Und direkt daneben oder gar mittendrin Erfahrungen von Trost und Friede, Fülle, Geborgenheit und Liebe. Es ist diese unauflösliche Polarität und Spannung, die unser menschliches Leben auszeichnet.

Als ich Silja Walter persönlich kennenlernte, war sie schon weit über 80 Jahre alt – und ich noch keine 40. Es trennten uns über 50 Jahre, und doch fanden wir auf eine Weise zueinander, die für uns beide mehr war als nur geistlich-musikalische Arbeitsgemeinschaft. Aus dieser Keimzelle der Begegnung heraus sind mittlerweile fast 40 Gesänge entstanden.

In den Texten Silja Walters wird immer wieder ihre tiefe Verwurzelung in der Heiligen Schrift und im Gottesdienst spürbar: Dies spiegelt sich in den vielfältigen Möglichkeiten der Verwendung der Gesänge in Gottesdiensten aller Formen wider.

Barbara Kolberg

Größer als alle Bedrängnis

Gotteslob-Eigenteil Freiburg-Rottenbug 854

T: Silja Walter 1978, M: Barbara Kolberg 2008

Grund≈Vertrauen

Die Schweizer Ordensschwester Silja Walter (1919–2011) und die Kirchenmusikerin Barbara Kolberg (geb. 1971) aus Freiburg sind die Autorinnen dieses Liedes. Das wohl bekannteste Beispiel ihrer poetisch-musikalischen Zusammenarbeit findet sich in zahlreichen Liederbüchern und einigen diözesanen Gotteslob-Eigenteilen.

Wie groß ist Gott? Eine schwierige Frage, für die es keine Messlatte gibt. Bereits die Kirchenväter der Antike haben jene Formel gefunden, die auch dieses Lied prägt: Gott ist immer noch größer – *»Deus semper major«*. Er ist größer als alle Bedrängnis, die uns von außen wie in ein Gefängnis einsperrt (Strophe 1); größer auch als alles Versagen, das aus dem Innern kommt (2). Vor allem ist er größer als all die vielen Bilder und Gedanken, die wir uns von ihm machen – und machen müssen!

Schwester Maria Hedwig OSB, so der Ordensname der Benediktinerin *Silja Walter*, hat seit 1948 im Kloster Fahr am Zürichsee gelebt und gedichtet. Sie bringt Gottes unverbrüchliche Treue auf einen poetischen Nenner: »das Neue«. In allen Verstrickungen und scheinbar klaren Aufrechnungen – »Wenn ich dies tue, muss Gott aber …« oder »Wenn Gott nur endlich jenes macht, dann will ich auch …« – ist Gott selbst immer einen Schritt weiter. Er streicht die gegenseitigen Aufrechnungen der menschlichen Logik einfach durch! Und beim »Neuen« dürfen wir gewiss auch an das Neue Lied denken, das uns neu machen will.

Inbegriff des Neuen ist Jesus, sein Kreuz und seine Auferstehung. Im Lied ist er nicht nur der »passiv« Leidende, vielmehr trägt er »aktiv« unsere Schwächen ans Kreuz, damit dort alles verwandelt wird. Wirklich alles. Und auf dem Wort Kreuz sprengt tatsächlich ein musikalisches *Kreuz-Vorzeichen* das eingefahrene Gleis der Tonart mit einem größeren Tonschritt als erwartet.

Nachdem die ersten beiden Strophen mit »Größer als …« einsetzten, also sprachlich als Steigerung formuliert waren, setzt die dritte einen weiteren Akzent. Zur Beschreibung von Gottes Liebe greift Silja Walter in den Wortschatz der Verliebten, die sich bekanntlich weder an Wiederholungen stören noch an Gesten des Beteuerns: »Deine Liebe ist eben deine Liebe!« Und Gottes Liebe?

Sie ist so groß wie er selbst. Eine »ewige Liebe« ist es, weil sie in der Liebe von Vater, Sohn und Heiligem Geist gründet. »Treue« meint nichts anderes, als dass diese Liebe »bleibt« – in allen nur denkbaren menschlich-zeitlichen Situationen.

Theologisch durchaus gewagt ist die Formulierung, dass die ewige Liebe lieben »muss«. Gemeint ist wohl, dass bereits der Gedanke von der ewigen Liebe das Versprechen des »Bleibens« in sich birgt, um ein stimmiger theo-logischer Gedanken zu sein. Was aber wäre dieser Gedanke, wenn ihn Gott in seinem Sohn nicht beglaubigt hätte? Silja Walter und Barbara Kolberg ist ein *»Hohelied der Treue«* gelungen: ebenso gedankenreich wie hymnisch im refrainartigen Ausruf, der jede Strophe beschließt: »Halleluja, lobet Gott!« So münden die poetisch-musikalischen Gottesbilder in die Geste des Jubelns. Sie ist die beste Antwort auf die biblischen Worte vom »größeren Gott«.

39
Nun lässest du, o Herr

Abschied

Hat einer so den langen Erdentag
Ans Herz genommen,
Spricht er zum Abschied, so er dunkeln mag:
Willkommen.

Unruhige Stadt,
Des Lebens Vielgestalt,
Er tauscht sie gern
Für Dorf und Fluss und Wald.

Der Lobgesang verstummt.
Es schweigen Leid und Zeit.
Von andrer Zinne schon
Tönt Ewigkeit.

Albrecht Goes

Nun lässest du, o Herr

Gotteslob 500

T: Georg Thurmair [1966] 1967 nach Lk 2, 29–32 (Nunc dimittis), M: GGB 2010 nach Ottawa 1994

Abschieds≈Lied

Die alttestamentlichen Psalmen sind die ältesten Lieder, die wir singen. Doch auch im Neuen Testament finden sich psalmartige Gesänge, allein drei davon im Lukasevangelium. Einer der Sänger ist Simeon. Seine Christusbegegnung wurde oft gemalt. Und zu seinem Lobesang gibt es viele Vertonungen.

Das Fest »Mariä Lichtmess« am 2. Februar heißt heute *»Darstellung des Herrn«*. Gemeint ist ein jüdischer Brauch: Vierzig Tage nach der Geburt bringen Eltern ihr Kind in den Tempel, was mit einem Opfer verbunden war. Die christliche Frömmigkeit hat diese biblische Szene vielfach aufgegriffen, auch künstlerisch. Etwa als Station des Marienlebens, wobei die Lichtsymbolik eine Rolle spielt, so wie im Lied »Volk Gottes, zünde Lichter an« (GL 374).

Neben Jesus und seinen Eltern sind noch zwei weitere Personen mit dabei, nämlich die Prophetin Hanna und Simeon. Er war »gerecht und fromm und wartete auf den Trost Israels«. Vor allem aber hat der Heilige Geist ihm verheißen, dass er nicht sterben werde, ohne zuvor den Messias geschaut zu haben. Nun hält er das Jesuskind auf den Armen, die Erfüllung seiner Sehnsucht. Und sogleich besingt er diesen Augenblick höchsten Glücks: »Meine Augen haben das Heil gesehen, das du vor allen Völkern bereitet hast.«

Simeon kann nun in Frieden sterben. Die Erinnerung an ihn und seinen Gesang aber blieb lebendig. Das psalmodierend gesungene *»Canticum Simeonis«* (GL 665, 2) ist der Höhepunkt im kirchlichen Nachtgebet. Am Beschluss des Tages mag der Blick sich auf das Ende des Lebens richten. Deshalb auch die Segensbitte »Eine ruhige Nacht und ein gutes Ende gewähre uns der allmächtige Herr« (GL 665, 5).

Simeons Lied könnte deshalb im Abschnitt »Tagzeitenliturgie« des Gotteslob stehen, eben beim »Nachtgebet«. Auch in der Rubrik »Jahr« wäre es sinnvoll, im Blick auf den 2. Februar. Das Lied steht jedoch mit gutem Recht unter der einprägsamen Nummer 500 in der Abteilung »Tod und Vollendung«. Es will eine Einübung sein, das Sterben nicht zu vergessen. Dies gilt ja für jedes Lebensalter – zumal beim Evangelisten Lukas nirgends steht, dass Simeon ein Greis war.

Weil schlichte Gemeindelieder mit dem Lobgesang des Simeon fehlten, hat der katholische Publizist *Georg Thurmair* (1909–1984) diese dreistrophige Fassung in den 1960er Jahren für die Sammlung »Kirchenlied II« geschaffen. Poetisch umkreist er die biblischen Motive. Sein Ziel war eine »Handreichung« für das persönliche und gemeindliche Leben. Doch dabei »soll auch hier der zeitgeschichtliche Hintergrund nicht ganz entschwinden; zwei Jahrzehnte nach Kriegsende steht auch hier die ›unbewältigte Vergangenheit‹ noch deutlich vor Augen; die Geborgenheit in Gott um so tröstlicher vergegenwärtigend« (Georg Thurmair). Ähnliches gilt auch für Thurmairs bekanntestes Kirchenlied »Wir sind nur Gast auf Erden« (GL 505 ö).

Im alten Gotteslob waren Thurmairs Strophen mit einer Melodie aus dem 16. Jahrhundert verknüpft, was die Akzeptanz eher erschwert hat. Die »Macher« des neuen Gotteslob fanden eine bessere Lösung. In einem in der kanadischen Hauptstadt *Ottawa* erschienenen Gesangbuch entdeckten sie eine passende Melodie. Ihr wiegender Rhythmus lässt sogar an einen berühmten Vergleich aus der Sterbekunst denken: der Tod als des »Schlafes Bruder«. So deutet es auch die Ehefrau des Textautors: »Das Lied könnte, über den biblischen Bereich hinaus, in unser Leben eingehen als ein Gebet für den endgültigen Heimgang, für das Ende des Lebens: Bleibe bei uns, Herr, am Abend des Tages, am Abend des Lebens, am Abend der Welt« (Maria Luise Thurmair).

40
Zum Paradies mögen Engel dich geleiten

Die Feuersäule

Führ liebes Licht, im Ring der Dunkelheit
führ du mich an.
Die Nacht ist tief, noch ist die Heimat weit,
führ du mich an!
Behüte du den Fuß: der fernen Bilder Zug
begehr' ich nicht zu sehn –
ein Schritt ist mir genug.

Ich war nicht immer so, hab' nicht gewusst
zu bitten: Du führ an!
Den Weg zu schaun, zu wählen war mir Lust –
doch nun: führ Du mich an!
Den grellen Tag hab ich geliebt und manches Jahr
regierte Stolz mein Herz,
trotz Furcht: vergiss, was war!

So lang gesegnet hat mich deine Macht,
gewiss führst du mich weiter an,
durch Moor und Sumpf, durch Fels und Sturzbach,
bis die Nacht verrann
und morgendlich
der Engel Lächeln glänzt am Tor,
die ich seit je geliebt, und unterwegs verlor.

John Henry Newman

Zum Paradies mögen Engel dich geleiten

Gotteslob 515 ö

T und M: Die kirchliche Begräbnisfeier

Himmels≈Chöre

Der Gedanke, dass Musik ein Vorspiel des ewigen Lebens – »praeludium vitae aeternae« – sein kann, findet sich erstmals als Inschrift an einer Orgel in Thüringen. Auch bei vielen Kompositionen, vom Sanctus über das Halleluja bis zum »In paradisum«, spielt der irdisch-himmlische Zusammenklang eine große Rolle.

»Zum Paradies mögen Engel dich geleiten …«. Das oft vertonte »In paradisum« gehört als Antiphon ursprünglich zur Liturgie des *Begräbnisses.* Diese Klänge begleiten den Verstorbenen zur Grabstätte im Rahmen der sogenannten »Exequien« – abgeleitet von exsequi, hinaus begleiten –, die sich an das Seelenamt in der Kirche anschließen. Dort wurde bereits die Totenmesse gesungen, das »Requiem«.

Die Motive der gesamten Begräbnisliturgie sind wie ein Ensemble von Stimmen, durchaus polyphon. Ein großer Chor intoniert *letzte Themen* wie Ewiges Leben, Posaune des Jüngsten Gerichts, Maria als Fürsprecherin, das Buch des Lebens, Himmel und Hölle, die Verheißung an Abraham, ewige Ruhe und ewiges Licht – die *Spannungen* könnten kaum größer sein! Aber Liturgie und Musik nehmen sozusagen kein Blatt vor den Mund. Ganz ähnlich ist es bei der Bildenden Kunst, wenn wir etwa an Michelangelos berühmtes Gemälde des Jüngsten Gerichts in der Sixtinischen Kapelle denken.

In diese Spannung von Angst und Hoffnung, von Richten und Retten gehört auch die Antiphon »In paradisum«. Hier aber gibt nun die *Hoffnung* den Ton an. So erklärt sich, dass Komponisten des 19. und 20. Jahrhunderts wie Gabriel Fauré oder Maurice Duruflé das berühmte »Dies irae« – Tag des Zornes, Tag der Tränen – aus ihrer Totenmesse ausgelassen und dafür am Ende das »In paradisum« eingefügt haben. Offenbar wirkt die Textvorlage mit dem Engelschor (chorus angelorum), der den Verstorbenen empfängt, besonders inspirierend.

Die hellen Bilder sind das Paradies und die himmlische Stadt *Jerusalem.* Der Gang zum Grab, begleitet von Menschen, wird gedeutet als Weg gen Jerusalem, nun von Engeln geleitet. So wie irdischer Gesang den Verstorbenen im Diesseits verabschiedet, wird der Engelschor ihn im Jenseits empfangen. Mit dazu gehört auch der arme Lazarus aus dem Gleichnis Jesu, von dem es im Lukasevangelium heißt: »Der Arme starb und wurde von den Engeln in Abrahams Schoß getragen« (Lukas 16,22). Leider ist die Erwähnung des Lazarus in der deutschen Fassung entfallen. Wer aber jemals Gabriel Faurés anrührende Melodie zu »et cum Lazaro, quondam paupere …« gehört hat, muss das zutiefst bedauern.

Letztlich finden im Prozessionsgesang »In paradisum« mehrere Aspekte der christlichen Spiritualität zueinander: Engel als Begleiter der Seele und als himmlische Musiker des Neuen Liedes, dann die endzeitliche Stadt Jerusalem als das neue und endgültige Paradies, schließlich, im Zentrum, die Begegnung mit Christus, dessen Tod und Auferweckung neues Leben schenkt. Zusammen gehalten werden die Motive von der »Gestik« dieses Gesangs, die sich am besten als Bewegung und Begegnung beschreiben lässt. Dies sind zudem Aspekte, auf die es beim Singen besonders ankommt.

Anhang

Quellenverzeichnis

Die Bibeltexte sind entnommen aus:

Numeri 6,22–27: Einheitsübersetzung der Heiligen Schrift
© 1980 Katholische Bibelanstalt, Stuttgart

Psalm 148: Einheitsübersetzung der Heiligen Schrift, vollständig durchgesehene und überarbeitete Ausgabe
© 2016 Katholische Bibelanstalt GmbH, Stuttgart
Alle Rechte vorbehalten

Vorwort
Huub Oosterhuis: Psalmen. Aus dem Niederländischen übersetzt von Annette Rothenberg-Joerges und Hanns Keßler, © Verlag Herder GmbH, Freiburg im Breisgau 2011, S. 303

I **Klingendes Kirchenjahr**
Advent bis Pfingsten
Martin Rößler: Gesangbuch-Predigt. Erntedankfest – Liederdankfest (Kolosser 3,16), Aus: Ders.: Geistliches Lied und kirchliches Gesangbuch, Strube Verlag, München und Berlin 2006, S. 419, © Rechte beim Autor

1 **Ein Bote kommt, der Heil verheißt**
Silja Walter: [Gedicht ohne Titel aus dem »Churer Marienbuch«], Aus: Dies., Gesamtausgabe Bd. 8, © Paulusverlag, Freiburg/Schweiz 2003, S. 352
Lied: T: © Peter Gerloff

2 **Herr, send herab uns deinen Sohn**
Alex Stock: O-Antiphonen, Aus: Ders.: Liturgie und Poesie. Zur Sprache des Gottesdienstes, Verlag Butzon & Bercker, Kevelaer 2010, S. 90 f., © Ursula Stock
Lied: T: © Verband der Diözesen Deutschlands (VDD), Bonn / Rechtswahrnehmung durch Katholische Bibelanstalt, Stuttgart

3 **Stern über Betlehem**
Klaus Hemmerle: Zur Krippe durch die Hintertür. Hg. von Wolfgang Bader, Verlag Neue Stadt, München, Neuausgabe 2017, S. 60; Alfred Hans Zoller: Stern über Bethlehem (EG 546), Aus: Dietrich Meyer (Hg.): Das neue Lied im Evangelischen Gesangbuch (siehe Literaturverzeichnis), S. 325–327, die Zitate S. 326
Lied: T/M: © Gustav Bosse Verlag, Kassel

4 **Du Kind, zu dieser heilgen Zeit**
Reinhard Deichgräber: Der Tag ist nicht mehr fern. Betrachtungen zu den Liedern von Jochen Klepper, © Verlag Vandenhoeck & Ruprecht, Göttingen [2]2003, S. 70 f.
Lied: M: © by Bärenreiter-Verlag, Kassel

5 **Gottes Stern, leuchte uns**
Prudentius: Hymnus [zum Hochfest Epiphanie], Aus: Antiphonale zum Stundengebet 1979, S.166, © 2018 staeko.net
Lied: T/M: © Carus Verlag, Stuttgart

6 **Volk Gottes, zünde Lichter an**
Anselm Grün: Kerzen mit nach Hause nehmen (Lichtmess), Aus: Ders.: 50 Rituale für das Leben, © Verlag Herder GmbH, Freiburg im Breisgau 2008, S. 63 f. (hier gekürzt)
Lied: T: © Peter Gerloff

7 **Kreuz, auf das ich schaue**
Dietmar Bader: Ein Kreuz, das zu sprechen beginnt, Aus: Ders.: Beginnen. Immer wieder. Rundfunkbeiträge aus zehn Jahren, Kunstverlag Josef Fink, Lindenberg im Allgäu 2017, S. 197
Lied: T: Eckart Bücken 1982, © Strube Verlag, München, M: © Carus-Verlag, Stuttgart

8 **Christus ist auferstanden**
Jörg Zink: Wir stehen im Morgen, Aus: Jörg Zink und Hans-Jürgen Hufeisen: Wie wir feiern können. Lieder, Psalmen, Gebete und Tänze zu Tages- und Festzeiten, Kreuz Verlag, Stuttgart 1992, S. 117 f.
Lied: T: AÖL (2.–4. Strophe), © by Bärenreiter-Verlag, Kassel

9 **Gen Himmel aufgefahren ist**
Andreas Knapp: aufgefahren in den Himmel, Aus: Ders.: Tiefer als das Meer. Gedichte zum Glauben, © Echter Verlag Würzburg 6. Auflage 2016, S. 43.

10 **Geist der Zuversicht, Quelle des Trostes**
Lobpreis, Aus: Communauté de Taizé: Gemeinsame Gebete für das ganze Jahr. Mit einem Vorwort von Frère Alois, Verlag Herder GmbH, Freiburg im Breisgau 2007, S. 132 f., © Ateliers et Presses de Taizé, 71250 Taizé, Frankreich
Lied: M: © Ateliers et Presses de Taizé, 71250 Taizé, Frankreich

II **Singen im Gottesdienst**
Morgenlob bis Abendlied
Christa Reich: »... davon ich singen und sagen will.« Überlegungen zum Verhältnis von Musik und Evangelium, Aus: Dies.: Evangelium: klingendes Wort. Zur theologischen Bedeutung des Singens, Calwer Verlag, Stuttgart 1997, S. 27, © Rechte bei der Autorin

11 **Danke für diesen guten Morgen**
Michel Quoist: Herr, da bin ich. Gebete, Verlag Styria, Graz 15. Aufl. 1960, S. 70–72 (hier gekürzt)
Lied: T/M: © Gustav Bosse Verlag, Kassel

12 **Meine engen Grenzen**
Winfried Heurich: Lebensgang, Aus: Dietrich Meyer (Hg): Das neue Lied im Evangelischen Gesangbuch. Lieddichter und Komponisten berichten. Zweite, überarbeitete Auflage (= Arbeitshilfen des Archivs der Evangelischen Kirche im Rheinlanbd, Bd. 3). Verlag Archiv der Evangelischen Kirche im Rheinland, Düsseldorf 1997, S. 121 f.
Lied: T/M: © Lahn Verlag in der Butzon & Bercker GmbH, Kevelaer, www.lahn-verlag.de

13 **Jesus Christus, guter Hirte**
Bernhard von Clairvaux: Sämtliche Werke, lateinisch-deutsch, 10 Bände, Bd. V, 15. Predigt: »Der Name Jesu und die Buße«,

Innsbruck 1994, © Arge St. Bernhard, Wilhering, S. 219–221
Lied: T: © Carus Verlag, Stuttgart; M: © Kamilla Usmanova

14 **Also sprach beim Abendmahle**
Lothar Zenetti: Du teilst es aus, Aus: Ders.: In Seiner Nähe. Texte des Vertrauens (Topos Taschenbuch 431), © Matthias Grünewald Verlag der Schwabenverlag AG, Ostfildern 2002, www.verlagsgruppe-patmos.de
Lied: T: © Verlag Herder, Freiburg

15 **Wenn das Brot, das wir teilen, als Rose blüht**
Ludwig Bechstein: Thüringer Sagenbuch. Erster Band, C. A. Hartlebens Verlags-Expedition, Wien und Leipzig 1858, S. 171 f.
Lied: T: © Claus-Peter März, M: © Kurt Grahl

16 **Komm, Herr, segne uns, dass wir uns nicht trennen**
Siegfried Eckert: Gott in den Ohren liegen. Gebete. Mit einem Vorwort von Fulbert Steffensky, Kreuz Verlag, Stuttgart 2008, S. 92, © Rechte beim Autor
Lied: T/M: © Strube Verlag, München

17 **Der Herr wird dich mit seiner Güte segnen**
Heidi und Jörg Zink: Der Herr segne dich, Aus: Dies.: Wie Sonne und Mond einander rufen, Kreuz Verlag, Stuttgart 1980, S. 125, © bei den Urhebern
Lied: T: Helmut Schlegel (nach Numeri 6,22–27), Aus: Lasst uns das Ja zum Leben feiern, © Lahn-Verlag in der Butzon & Bercker GmbH, Kevelaer, www.lahn-verlag.de, M: © Thomas Gabriel

18 **Ach bleib mit deiner Gnade**
Hans Zappe: Alle singen sein Lied. Aus dem Leben Josua Stegmanns, © Evangelische Verlagsanstalt, Berlin 1964, S. 95 f. (leicht gekürzt)

19 **Der Lärm verebbt, und die Last wird leichter**
Sytze de Vries: Von Fest zu Fest. Gebete. Aus dem Niederländischen übertragen von Dorothea Monninger und Christa

Reich, De Vertaalslag Schalkwijk, Utrecht (NL) 2015, S. 28
Lied: T: © Strube Verlag, München

20 **Bleib bei uns, Herr**
Kurt Rose: Nun trägt der Abendwind, Aus: Ders.: Da war die Nacht. Da kam das Licht. Neue geistliche Lieder, Strube Verlag, München 1987 (Nr. 48), © Wolfgang Teichmann
Lied: T: © Carus-Verlag, Stuttgart

III **Komponierte Gebete**
Psalmlied bis Magnificat
Peter Bubmann: Singen im Protestantismus heute und morgen. Problemanzeigen und Chancen, Aus: Ders. und Konrad Klek (Hg.): Davon ich singen und sagen will. Die Evangelischen und ihre Lieder, © Evangelische Verlagsanstalt, Leipzig 2012, S. 223.

21 **Ich seh empor zu den Bergen**
Arnold Stadler: Die Menschen lügen alle. Aus dem Hebräischen übertragen und mit einem Nachwort versehen von Arnold Stadler © Insel Verlag, Frankfurt am Main und Leipzig 1999. Alle Rechte bei und vorbehalten durch Insel Verlag Berlin
Lied: T/M: © Strube Verlag München

22 **Aus der Tiefe rufe ich zu dir**
Justus Delbrück: Aufzeichnungen aus dem Gefängnis, Aus: Helmut Gollwitzer, Käthe Kuhn, Reinhold Schneider (Hg.): Du hast mich heimgesucht bei Nacht. Abschiedsbriefe und Aufzeichnungen des Widerstandes 1933–1945, Chr. Kaiser Verlag, München 1954, S. 158 f.

23 **Befiehl du deine Wege**
Johann Gerhard, zit. nach Elke Axmacher: Ein Lied von der göttlichen Providenz. Befiehl du deine Wege, Aus: Dies.: Johann Arndt und Paul Gerhardt. Studien zur Theologie, Frömmigkeit und geistlichen Dichtung des 17. Jahrhunderts (= Mainzer Hymnologische Studien, Bd. 3), Francke Verlag, Tübingen und Basel 2001, S. 140

24 **Ich lobe meinen Gott von ganzem Herzen**
Klaus von Mering: »Ich lobe meinen Gott« (EG 272), Aus: Ders.: »Vom Aufgang der Sonne«. Andachten zu den Kernliedern des Evangelischen Gesangbuchs, © Verlag Vandenhoeck & Ruprecht, Göttingen 2013, S. 105
Lied: Originaltitel: Je louerai l'Eternel, Text (nach Ps 9, 2–3.8–10) & Melodie: Claude Fraysse. Dt. Text: Gitta Leuschner (Str. 1) / unbekannt (Str. 2), © 1982 Claude Fraysse, Frankreich; Für D, A, CH: SCM Hänssler, 71087 Holzgerlingen

25 **Wohl denen, die da wandeln**
Martin Gregor-Dellin: Heinrich Schütz. Sein Leben, sein Werk, seine Zeit, Verlag Piper, München 1984 (TB-Ausgabe 1987), S. 162–164 (gekürzt), © Katja Dellin
Lied: T: AÖL 1973 nach Cornelius Becker 1602 nach Psalm 119, M: Heinrich Schütz 1661

26 **Lobe den Herrn, meine Seele**
Wilhelm Bruners: Verabschiede die Nacht. Gedichte – Erzählungen – Meditationen – Biblisches. Mit Illustrationen von Resi Borgmeier, Klens Verlag, Düsseldorf 1999, S. 27, © Rechte beim Autor
Lied: T: nach PS 103, M: Norbert Kissel, © 1991 SCM Hänssler, 71087 Holzgerlingen

27 **Wunderbar bist du, o Herr**
Martin Schleske: Herztöne. Lauschen auf den Klang des Lebens, © adeo Verlag in der Gerth Medien GmbH, Asslar 2016, S. 268 f.
Lied: T/M: © Gemeinschaft Emmanuel, Altötting

28 **Jesus, dir leb ich, Jesus, dir sterb ich**
Albrecht Goes: Grabschrift, Aus: Ders.: Gedichte, © S. Fischer Verlag GmbH, Frankfurt am Main 2008

29 **Wäre Gesanges voll unser Mund**
Lied: T/M/S: © Strube Verlag, München

30 **Mit dir, Maria, singen wir**
Huub Oosterhuis: Das Lied Mariens [übersetzt von Cornelis Kok], Aus: Ders.: Das Hubb Oosterhuis Gottesdienstbuch, © Verlag Herder GmbH, Freiburg im Breisgau. 2013, S. 263 f.
Lied: T: © Strube Verlag, München, M: © Studio SM, Varades

IV **Biblische Gesänge**
Schöpfung bis Vollendung
Fulbert Steffensky: Aus einem Vortrag in der Kirche Hasle b. B. am 28. März 2017; https://bit.ly/2mHbdqU, © Rechte beim Autor

31 **Behutsam leise nimmst du fort**
Andreas Knapp: Laudes, Aus: Ders.: Brennender als Feuer. Geistliche Gedichte © Echter Verlag Würzburg 8. Auflage 2017, S. 35.
Die Zitate von Raymund Weber in: Meinrad Walter: Wie verfasse ich ein Liedporträt? In: Ders. und Albert Josef Urban (Hg.): Das Gebet- und Gesangbuch Gotteslob. Kirchenmusikalische Impulse, Kommentierte Einblicke, Pastoralliturgische Perspektiven, © Verlag Deutsches Liturgisches Institut Trier, Trier 2017, S. 198–211 f.
Lied: T: © Raymund Weber 2004, M: © Christoph Seeger 2004

32 **Noch ehe die Sonne am Himmel stand**
Paul Weismantel: Ich bin da, Aus: Ders., In der Stille der Nacht. Gedanken und Gebete zu Advent und Weihnachten, Verlag Ludwig Auer, Donauwörth 1991, S. 60–66 mit der Überschrift »An Weihnachten sagt Gott ganz leise« (hier gekürzt), © Rechte beim Autor
Lied: T/M: © Musikverlag Haus der Musik Klaus Heizmann, Wiesbaden

34 **Erfreue ich, Himmel, erfreue dich, Erde**
Maria Luise Thurmair: Erfreue dich, Himmel, erfreue dich, Erde (EG 636), Aus: Dietrich Meyer (Hg.): Das neue Lied im Evangelischen Gesangbuch (siehe Literaturverzeichnis), S. 294 f.

35 **Herr, nimm auch uns zum Tabor mit**
Erhart Kästner: Die Stundentrommel vom heiligen Berg Athos, © Insel Verlag, Frankfurt am Main und Leipzig 1974. Alle Rechte bei und vorbehalten durch Insel Verlag Berlin
Lied: T: © Peter Gerloff, M: © Richard Mailänder

36 **O Gott, dein Wille schuf die Welt**
Andreas Knapp: Vesper, Aus: Ders.: Brennender als Feuer. Geistliche Gedichte, © Echter Verlag Würzburg 8. Auflage 2017, S. 36
Lied: Ü: © Friedrich Dörr Rechtenachfolge

37 **Nun ruhen alle Wälder**
Kurt Marti: Abendlied, Mit Genehmigung des Radius-Verlags entnommen aus: Kurt Marti, Ungrund Liebe. Klagen, Wünsche, Lieder, © Radius-Verlag, Stuttgart 2011

38 **Größer als alle Bedrängnis**
Barbara Kolberg: Wer dir singt, der wird dich finden. Gesänge auf Texte von Silja Walter. Melodien mit Klavierbegleitsätzen, © Carus-Verlag, Stuttgart 2014, S. 3 (Vorwort aus CV 19.012); die Textvorlage in Silja Walter: Gesamtausgabe Bd. 10: Spiritualität II. Redaktion: Ulrike Wolitz, © Paulusverlag, Freiburg/Schweiz 2005, S. 567
Lied: T: © Verlag Herder GmbH, Freiburg im Breisgau 2013, M: © Strube Verlag, München

39 **Nun lässest du, o Herr**
Albrecht Goes: Abschied. Aus: Ders.: Dunkle Tür, angelehnt, © 1997, Verlag am Eschbach der Schwabenverlag AG, Eschbach/Markgräflerland, www.verlag-am-eschbach.de
Georg Thurmair: Nun lässest du, o Herr, mich aus der Welt Beschwer, Aus: Werkbuch zum Gotteslob [1975]. Hg. im Auftrag der Kommission für das Einheitsgesangbuch von Josef Seuffert unter Mitwirkung von Rupert Berger, Günter Duffrer und Erhard Quack. Bd. VII/1: Besondere Anlässe, Verlag Herder, Freiburg im Breisgau 1977, S. 293f. Maria Luise Thurmair: Nun lässest du, o Herr, mich aus der Welt Beschwer (EG 607),

Aus: Dietrich Meyer (Hg.): Das neue Lied im Evangelischen Gesangbuch (siehe Literaturverzeichnis), S. 297
Lied: T: © Verlag Herder, Freiburg

40 **Zum Paradies mögen Engel dich geleiten**
John Henry Newman: Die Feuersäule, Aus: Günter Biemer und James Derek Holmes (Hg.): Leben als Ringen um die Wahrheit. Ein Newman Lesebuch, Verlag Matthias Grünewald, Mainz 1984, S. 305
Lied: T/M: © Verband der Diözesen Deutschlands (VDD), Bonn / Rechtswahrnehmung durch Katholische Bibelanstalt, Stuttgart

Wir danken den Verlagen und Rechteinhabern für die Erteilung der Abdruckgenehmigungen. Trotz gründlicher Recherchen war es nicht in allen Fällen möglich, die genaue Quelle ausfindig zu machen. Honoraransprüche bleiben bestehen.

Anmerkungen

Vorwort

Zum Gebet- und Gesangbuch Gotteslob vgl. Meinrad Walter und Albert Urban (Hg.): Das Gebet- und Gesangbuch Gotteslob. Kirchenmusikalische Impulse, kommentierte Einblicke, pastoralliturgische Perspektiven, Deutsches Liturgisches Institut, Trier 2017.

I Klingendes Kirchenjahr Advent bis Pfingsten

1 **Ein Bote kommt, der Heil verheißt**

Das Gedicht von Silja Walter bezieht sich auf ein Hausaltärchen (niederländisch, Anfang 16. Jh.) im Dommuseum Chur; vgl. Domkapitel Chur (Hg.): Churer Marienbuch von Silja Walter und Stefan Wey. Chur 1988, S. 62 f. und S. 159 f.; Angelus Silesius: Die geistliche Maria. In: Ders.: Cherubinischer Wandersmann oder geistreiche Sinn- und Schlussreime (I /23), zit. nach Gisbert Greshake: Maria ist die Kirche. Aktuelle Herausforderung eines alten Themas, Verlag Friedrich Pustet, Regensburg 2016 (= topos-TB, Bd. 1081), S. 130; das Zitat von Gisbert Greshake in Ders.: Maria-Ecclesia. Perspektiven einer marianisch grundierten Theologie und Kirchenpraxis, Verlag Friedrich Pustet, Regensburg 2014, S. 585.

2 **Herr, send herab uns deinen Sohn**

Vgl. Egbert Ballhorn: Die O-Antiphonen. Israelgebet der Kirche. In: Jahrbuch für Liturgik und Hymnologie, Bd. 37 (1998), S. 9–34; Gregor Baumhof: Gesänge der Stille. Mit dem Gregorianischen Choral meditieren. Ein Übungsbuch mit CD, Kösel Verlag, München 2006 (S. 79–100 über die O-Antiphonen als »Lieder der großen Sehnsucht«); Ulrich Gabriel Heil: Gott, send herab uns deinen Sohn. In: Ansgar Franz (Hg.): Kirchenlied im Kirchenjahr. Fünfzig neue und alte Lieder zu den christlichen Festen. Mit Audio-CD, A. Francke Verlag, Tübingen und Basel 2002, S. 87–96; Annette Albert-Zerlink: Herr, send herab uns deinen Sohn. In: Ansgar Franz u.a. (Hg.): Die Lieder des Gotteslob (siehe Literaturverzeichnis), S. 496–502.

3 **Stern über Betlehem**
Johannes Goldenstein: Stern über Bethlehem. In: Jochen Arnold und Klaus-Martin Bresgott (Hg.): Kirche klingt – 77 Lieder für das Kirchenjahr (= gemeinsam gottesdienst gestalten, Bd. 19), Lutherisches Verlagshaus GmbH, Hannover 2011, S. 21–25; Elisabeth Fillmann: Stern über Betlehem. In: Ansgar Franz u.a. (Hg.): Die Lieder des Gotteslob (siehe Literaturverzeichnis), S. 1038–1041.

4 **Du Kind, zu dieser heilgen Zeit**
Vgl. Jochen Klepper: Kyrie. Geistliche Lieder, Luther-Verlag, Bielefeld 1950, S. 32 f.; Ders.: Unter dem Schatten deiner Flügel. Aus den Tagebüchern der Jahre 1932–1942 (das Zitat auf S. 544). Vgl. Martin J. Wecht: Jochen Klepper. In: Dietrich Meyer (Hg.): Das neue Lied im Evangelischen Gesangbuch (siehe Literaturverzeichnis), S. 159 f.; Karl Christian Thust: Die Lieder des Evangelischen Gesangbuchs, Bd. 1 (siehe Literaturverzeichnis), S. 83–85; Alexander Zerfaß: Du Kind, zu dieser heilgen Zeit. In: Ansgar Franz u.a. (Hg.): Die Lieder des Gotteslob (siehe Literaturverzeichnis), S. 237–240 (mit weiteren Literaturangaben); vgl. Edith Stein: Das Weihnachtsgeheimnis. Mit einer Einführung von Hanna-Barbara Gerl, Verlag Herder, Freiburg im Breisgau 1988, S. 45f.; Reinhold Schneider: Verhüllter Tag. Mit einem Nachwort von Josef Rast, Insel Verlag, Frankfurt a.M. 1991 (= Insel-TB 2322), S. 132.

5 **Gottes Stern, leuchte uns**
Vgl. Prudentius. Das Gesamtwerk. Eingeleitet, übersetzt und kommentiert von Wolfgang Fels (= Bibliothek der Mittellateinischen Literatur. Hg. von Walter Berschin, Bd. 9), Verlag Anton Hiersemann, Stuttgart 2011, S. 47–53; Alexander Zerfaß und Dan Zerfaß: Gottes Stern, leuchte uns. In: Ansgar Franz u.a. (Hg.): Die Lieder des Gotteslob (siehe Literaturverzeichnis), S. 411–414 (hier auch die weiteren originalen Strophen).

6 **Volk Gottes, zünde Lichter an**
Vgl. Karl Christian Thust: Die Lieder des Evangelischen Gesangbuchs. Kommentar zu Entstehung, Text und Musik. Bd. 1: Kirchenjahr und Gottesdienst (EG 1–269), Verlag Bärenreiter, Kassel u. a. 2012, S. 121; vgl. Elke Liebig: Volk Gottes, zünde Lichter an. In: Ansgar Franz u. a. (Hg.): Die Lieder des Gotteslob (siehe Literaturverzeichnis), S. 1101–1103 (hier auch die weiteren Strophen des Liedes, die nicht ins Gotteslob aufgenommen wurden).

8 **Christus ist auferstanden**
Vgl. Elisabeth Fillmann: Christus ist auferstanden. In: Ansgar Franz u. a. (Hg.): Die Lieder des Gotteslob (vgl. Literaturverzeichnis), S. 123–126; Andreas Marti: Christus ist auferstanden. In: Paul Ernst Bernoulli u. a. (Hg.): Ökumenischer Liederkommentar (vgl. Literaturverzeichnis), Lieferung 2 (2003).

9 **Gen Himmel aufgefahren ist**
Hermann Ühlein (zum Text) und Christa Reich (zur Musik): Gen Himmel aufgefahren ist. In: Gerhard Hahn und Jürgen Henkys (Hg.): Liederkunde zum Evangelischen Gesangbuch, Heft 3, Verlag Vandenhoeck & Ruprecht, Göttingen 2001, S. 73–77.

10 **Geist der Zuversicht, Quelle des Trostes**
Zur Musik von Taizé vgl. Matthias Kreuels: Die Musik von Taizé und die Folgen. Zum 75-jährigen Bestehen der ökumenischen Gemeinschaft. In: Musik und Kirche, 85. Jg. (2015), S. 186–193.

II **Singen im Gottesdienst**
Morgenlob bis Abendlied

11 **Danke für diesen guten Morgen**
Vgl. Martin Gotthard Schneider: Danke für diesen guten Morgen (EG 344). In: Dietrich Meyer (Hg.): Das neue Lied im Evangelischen Gesangbuch (siehe Literaturverzeichnis), S. 246–253 (das Zitat auf S. 247; Peter Bubmann: Danke für dieses *Danke* – Die Karriere eines umstrittenen Schlagers. In: Peter Bubmann und Konrad Klek (Hg.): Davon ich singen und sagen will. Die

Evangelischen und ihre Lieder, Evangelische Verlagsanstalt, Leipzig 2012, S. 211–214; Lothar Käser (Hg.): Wort und Klang. Festschrift für Martin Gotthard Schneider zum 65. Geburtstag, Verlag für Kultur und Wissenschaft Dr. Thomas Schirrmacher, Bonn 1995; Gerd Schmoll: Danke für diesen guten Morgen. In: Christian Möller (Hg.): Ich singe Dir mit Herz und Mund. Liedauslegungen – Liedmeditationen – Liedpredigten. Ein Arbeitsbuch zum Evangelischen Gesangbuch, Calwer Verlag, Stuttgart 1997, S. 180–183.

12 **Meine engen Grenzen**
Vgl. Eugen Eckert: Meine engen Grenzen (EG 600). In: Dietrich Meyer (Hg.): Das neue Lied im Evangelischen Gesangbuch (siehe Literaturverzeichnis), S. 83 f.

13 **Jesus Christus, guter Hirte**
Vgl. Alex Stock: Poetische Dogmatik. Christologie. 1. Namen, Verlag Ferdinand Schöningh, Paderborn 1995, S. 63–69 (hier der Hinweis auf die Hohelied-Predigt des Bernhard von Clairvaux).

14 **Also sprach beim Abendmahle**
Vgl. Elisabeth Thurmair (Hg.): Ein Gast auf Erden. Georg Thurmair. Mahner, Rufer, Rebell, Aventinus Verlag und Martin-Verlag, Eggenfelden 1986.

16 **Komm, Herr, segne uns, dass wir uns nicht trennen**
Vgl. Dieter Trautwein: Komm, Herr, segne uns. In: Dietrich Meyer (Hg.): Das neue Lied im Evangelischen Gesangbuch (siehe Literaturverzeichnis), S. 301 f.; Ders.: Komm, Herr, segne uns. Lebensfelder im 20. Jahrhundert, Verlag Otto Lembeck, Frankfurt a. M. 2003. Elisabeth Fillmann: Komm, Herr, segne uns. In: Ansgar Franz u. a. (Hg.): Die Lieder des Gotteslob (siehe Literaturverzeichnis), S. 654–656 (mit weiteren Literaturangaben); Britta Martini: Komm, Herr, segne uns. In: Jochen Arnold und Klaus-Martin Bresgott (Hg.): Kirche klingt – 77 Lieder für das Kirchenjahr (= gemeinsam gottesdienst gestalten, Bd. 19), Lutherisches Verlagshaus, Hannover 2011, S. 180 f.

17 **Der Herr wird dich mit seiner Güte segnen**
Vgl. Elke Liebig und Ansgar Franz: Der Herr wird dich mit seiner Güte segnen. In: Ansgar Franz u. a. (Hg.): Die Lieder des Gotteslob (siehe Literaturverzeichnis), S. 184–188.

18 **Ach bleib mit deiner Gnade**
Vgl. Karl Christian Thust: Ach bleib mit deiner Gnade (EG 347). In: Ders.: Die Lieder des Evangelischen Gesangbuchs. Kommentar zu Entstehung, Text und Musik. Bd. 2: Biblische Gesänge und Glaube – Liebe – Hoffnung (EG 270–535), Verlag Bärenreiter, Kassel u. a. 2015, S. 156 f.

19 **Der Lärm verebbt, und die Last wird leichter**
Siri Fuhrmann: Der Lärm verebbt. In: Ansgar Franz u. a. (Hg.): Die Lieder des Gotteslob (siehe Literaturverzeichnis), S. 194–197; Dies.: Der Abend in Lied, Leben und Liturgie. Studien zu Motiven, Riten und Alltagserfahrungen an der Schwelle vom Tag zur Nacht (= Pietas Liturgica, Studia 18), A. Francke Verlag, Tübingen und Basel 2008, S. 143–154.

20 **Bleib bei uns, Herr**
Vgl. Karl Christian Thust: Bleib bei mir, Herr! Der Abend bricht herein. In: Ders.: Die Lieder des Evangelischen Gesangbuchs. Kommentar zu Entstehung, Text und Musik. Bd. 2: Biblische Gesänge und Glaube – Liebe – Hoffnung (EG 270–535), Verlag Bärenreiter, Kassel u. a. 2015, S. 435–437; Siri Fuhrmann: Bleib bei uns, Herr. In: Ansgar Franz u. a. (Hg.): Die Lieder des Gotteslob (siehe Literaturverzeichnis), S. 84–87 (hier weitere Literatur).

III **Komponierte Gebete**
Psalmlied bis Magnificat

21 **Ich seh empor zu den Bergen**
Vgl. Walter Eith: Ich seh empor zu den Bergen (GL 847). Vertrauen und Trost. In: Johannes Kreidler (Hg.): Licht, Leben, Freud und Wonne. Liedporträts zu Gesängen aus dem Gottes-

lob. Mit Abbildungen von Veronika Heckmann-Hageloch, Schwabenverlag, Ostfildern 2017, S. 283–286.

22 **Aus der Tiefe rufe ich zu dir**
Justus Delbrück: Aufzeichnungen aus dem Gefängnis. In: Helmut Gollwitzer, Käthe Kuhn, Reinhold Schneider (Hg.): Du hast mich heimgesucht bei Nacht. Abschiedsbriefe und Aufzeichnungen des Widerstandes 1933–1945, Chr. Kaiser Verlag, München 1954, S. 158 f.

23 **Befiehl du deine Wege**
Elke Axmacher und Andreas Marti: Befiehl du deine Wege. In: Liederkunde zum Evangelischen Gesangbuch (siehe Literaturverzeichnis), Faszikel 23, S. 44–54 (E. Axmacher) und S. 54–56 (A. Marti).

24 **Ich lobe meinen Gott von ganzem Herzen**
Vgl. Bernhard Leube: Ich lobe meinen Gott von ganzem Herzen. In: Martin Evang und Ilsabe Seibt (Hg.): Liederkunde zum Evangelischen Gesangbuch (= Handbuch zum Evangelischen Gesangbuch, Bd. 3), Faszikel 19, S. 39–43; Anne Harzer: Ich lobe meinen Gott von ganzem Herzen. In: Ansgar Franz: Die Lieder des Gotteslob (siehe Literaturverzeichnis), S. 550–552.

25 **Wohl denen, die da wandeln**
Zum Becker-Psalter vgl. Otto Brodde: Heinrich Schütz. Weg und Werk, Verlag Bärenreiter, Kassel 1972, S. 96–106; das Zitat von Cornelius Becker in der Vorrede zu Ders.: Der Psalter Davids Gesangweis. Auf die in Lutherischen Kirchen gewöhnliche Melodeyen zugerichtet. Leipzig 1602 (im Internet als Digitalisat zugänglich). Vgl. Peter Ernst Bernoulli und Andreas Marti: Wohl denen, die da wandeln. In: Wolfgang Herbst und Ilsabe Seibt (Hg.): Liederkunde zum Evangelischen Gesangbuch, Faszikel 17, S. 41–48; Elke Liebig: Wohl denen, die da wandeln. In: Ansgar Franz u. a. (Hg.): Die Lieder des Gotteslob (siehe Literaturverzeichnis), S. 1209–1211.

28 **Jesus, dir leb ich, Jesus, dir sterb ich**
Vgl. Frieder Schulz: Die Gebete Luthers. Edition, Bibliografie und Wirkungsgeschichte (= Quellen und Forschungen zur Reformationsgeschichte, Bd. 44), Gütersloher Verlagshaus Gerd Mohn, Gütersloh 1976, S. 169 f.

IV Biblische Gesänge von Schöpfung bis Vollendung

31 **Behutsam leise nimmst du fort**
Vgl. Meinrad Walter: Wie verfasse ich ein Liedporträt? In: Ders. und Albert Josef Urban (Hg.): Das Gebet- und Gesangbuch Gotteslob. Kirchenmusikalische Impulse, Kommentierte Einblicke, Pastoralliturgische Perspektiven, Verlag Deutsches Liturgisches Institut, Trier 2017, S. 198–213 (S. 209–213 zum Thema »Schriftliches Liedporträt« am Beispiel von »Behutsam leise nimmst du fort«); Christiane Schäfer: »Behutsam leise nimmst du fort«. In: Franz, Ansgar u. a. (Hg.): Die Lieder des Gotteslob (siehe Literaturverzeichnis), S. 60–62.

32 **Noch ehe die Sonne am Himmel stand**
Vgl. Jakob Steiner: Noch ehe die Sonne am Himmel stand. In: Franz, Ansgar u. a. (Hg.): Die Lieder des Gotteslob (siehe Literaturverzeichnis), S. 815–818.

33 **Wenn ich, o Schöpfer, deine Macht**
Christian Fürchtegott Gellert: Moralische Vorlesungen (26. Vorlesung), zit. nach: Sammlung der besten deutschen prosaischen Schriftsteller und Dichter. Neunter Teil. Gellerts moralische Vorlesungen, Verlag Christian Gottlieb Schmieder, Karlsruhe 1774, S. 222–224 (mit Kürzungen).

35 **Herr, nimm auch uns zum Tabor mit**
Vgl. Alex Stock: Poetische Dogmatik. Christologie Bd. 3: Leib und Leben, Verlag Ferdinand Schöningh, Paderborn 1998, S. 400 f. (hier der Hinweis auf Erhart Kästner); Ulrich Luz: Das Evangelium nach Matthäus. Bd. 2: Mt 8–17 (Evangelisch-

Katholischer Kommentar zum NT I,2), Benziger Verlag und Neukirchener Verlag, Zürich und Braunschweig 1990, S. 512.

36 **O Gott, dein Wille schuf die Welt**
Vgl. Ansgar Franz: O Gott, dein Wille schuf die Welt. In: Ders. u. a. (Hg.): Die Lieder des Gotteslob (siehe Literaturverzeichnis), S. 885–889; Ders.: Tageslauf und Heilsgeschichte. Untersuchungen zum literarischen Text und liturgischen Kontext der Tagzeitenhymnen des Ambrosius von Mailand (= Pietas Liturgica, Studia 9). St. Ottilien 1994, S. 37–146; Richard Mailänder: Gedanken zur Melodiesuche und -findung für das neue GGB. In: Kirchenmusik im Erzbistum Köln (KiEK), Heft 2/ 2014, S. 37–40.

37 **Nun ruhen alle Wälder**
Vgl. Karl Christian Thust: Nun ruhen alle Wälder In: Ders.: Die Lieder des Evangelischen Gesangbuchs. Kommentar zu Entstehung, Text und Musik. Bd. 2: Biblische Gesänge und Glaube – Liebe – Hoffnung (EG 270–535), Verlag Bärenreiter, Kassel u. a. 2015, S. 407–410; Joachim Stalmann: »Nun ruhen alle Wälder«. In: Handbuch zum Evangelischen Kirchengesangbuch. Bd. 3,II: Liederkunde. Hg. von Joachim Stalmann und Johannes Heinrich, Verlag Vandenhoeck & Ruprecht, Göttingen 1990, S. 468–471; Michael Fischer: Nun ruhen alle Wälder (2008). In: Populäre und traditionelle Lieder. Historisch-kritisches Liederlexikon, URL: www.liederlexikon.de/lieder/nun_ruhen_alle_waelder/ (hier ist der Erlass Friedrichs II. vom 18. Januar 1781 zitiert, der – bei aller Kritik – das Lied für das Gesangbuch gerettet hat). Zur genannten Rezeption vgl. Tilman Moser: Gottesvergiftung, Verlag Suhrkamp, Frankfurt a. M. 1976, S. 58–61 (TB-Ausgabe 1980); Günter Grass: Das Treffen in Telgte. Eine Erzählung und dreiundvierzig Gedichte aus dem Barock, Luchterhand Literaturverlag, Hamburg 1979, S. 149 f. (TB-Ausgabe 1985).

38 **Größer als alle Bedrängnis**
Vgl. die originale Textvorlage in Silja Walter: Gesamtausgabe, Bd. 10. Spiritualität II. Redaktion: Ulrike Wolitz, Paulusverlag, Freiburg /Schweiz 2005, S. 567 und 669.

Literatur zum Weiterlesen

Zahlreiche Literaturhinweise finden sich in Meinrad Walter: »Sing, bet und geh auf Gottes Wegen …«. 40 neue und bekannte geistliche Lieder erschlossen, Verlag Herder GmbH, Freiburg im Breisgau 2013, 2. Auflage 2015, S. 193–196, und Ders.: »Ich lobe meinen Gott …«. 40 Gotteslob-Lieder vorgestellt und erschlossen, Verlag Herder GmbH, Freiburg im Breisgau 2015, S. 199–201. Hier folgen deshalb nur einige Standardwerke (bisweilen in den Quellenhinweisen und Anmerkungen abgekürzt zitiert) und eine Auswahl seither erschienener Werke zu den Liedern im Gebet- und Gesangbuch Gotteslob (2013).

Arnold, Jochen und Bresgott, Klaus-Martin (Hg.): Kirche klingt – 77 Lieder für das Kirchenjahr (gemeinsam gottesdienst gestalten, Bd. 19), Lutherisches Verlagshaus, Hannover 2011.

Becker, Hansjakob u. a. (Hg.): Geistliches Wunderhorn. Große deutsche Kirchenlieder. Mit CD, Verlag C. H. Beck, München 2001 (auch als TB-Ausgabe).

Bernoulli, Peter Ernst u. a. (Hg.): Ökumenischer Liederkommentar zum Katholischen, Reformierten und Christkatholischen Gesangbuch der Schweiz (Loseblattsammlung in drei Ringordnern), Paulusverlag Freiburg /Schweiz, Friedrich Reinhardt Verlag Basel und Theologischer Verlag Zürich, 2001–2009.

Franz, Ansgar; Kurzke, Hermann; Schäfer, Christiane (Hg.): Die Lieder des Gotteslob. Geschichte – Liturgie – Kultur. Mit besonderer Berücksichtigung ausgewählter Lieder des Erzbistums Köln, Verlag Katholisches Bibelwerk, Stuttgart 2017.

Franz, Ansgar (Hg.): Kirchenlied im Kirchenjahr. Fünfzig neue und alte Lieder zu den christlichen Festen. Mit Audio-CD (Mainzer hymnologische Studien, Bd. 8), A. Francke Verlag, Tübingen und Basel 2002.

Fugger, Dominik und Scheidgen, Andreas (Hg.): Geschichte des katholischen Gesangbuchs (Mainzer hymnologische Studien, Bd. 21), Narr Francke Attempto Verlag, Tübingen 2008.

Hahn, Gerhard und Henkys, Jürgen (Hg.): Liederkunde zum Evangelischen Gesangbuch (in Einzelheften 1–13), Verlag Vandenhoeck & Ruprecht, Göttingen 2000 ff.

Herbst, Wolfgang und Seibt, Ilsabe (Hg.): Liederkunde zum Evangelischen Gesangbuch (in Einzelheften, ab Heft 14), Verlag Vandenhoeck & Ruprecht, Göttingen 2008 ff.

Herbst, Wolfgang (Hg.): Komponisten und Liederdichter des Evangelischen Gesangbuchs (Handbuch zum Evangelischen Gesangbuch, Bd. 2), Verlag Vandenhoeck & Ruprecht, Göttingen 1999 (2., durchgesehene und aktualisierte Auflage unter dem Titel »Wer ist wer im Gesangbuch?«, 2001).

Hug, Wolfgang: Von der Poesie des Glaubens. Ökumenische Liederkunde, Verlag Herder GmbH, Freiburg im Breisgau 2016.

Kreidler, Johannes (Hg.): Licht, Leben, Freud und Wonne. Liedporträts zu den Gesängen aus dem Gotteslob. Mit Abbildungen von Veronika Heckmann-Hageloch, Schwabenverlag, Ostfildern 2017.

Meyer, Dietrich (Hg.): Das neue Lied im Evangelischen Gesangbuch. Lieddichter und Komponisten berichten. Zweite, überarbeitete Auflage (= Arbeitshilfen des Archivs der Evangelischen Kirche im Rheinland, Bd. 3). Verlag Archiv der Evangelischen Kirche im Rheinland, Düsseldorf 1997

Riehm, Heinrich: Das Kirchenlied am Anfang des 21. Jahrhunderts in den evangelischen und katholischen Gesangbüchern des deutschen Sprachbereichs. Eine Dokumentation. A. Francke Verlag, Tübingen 2004.

Rößler, Martin: Liedermacher im Gesangbuch. Liedgeschichte in Lebensbildern, Calwer Verlag, Stuttgart 2001 (völlig überarbeitete und erweiterte einbändige Neuausgabe).

Walter, Meinrad und Urban, Albert Josef (Hg.): Das Gebet- und Gesangbuch Gotteslob. Kirchenmusikalische Impulse, Kommentierte Einblicke, Pastoralliturgische Perspektiven, Deutsches Liturgisches Institut, Trier 2017.

Register

Personen

Sachen

Bibelstellen

Biblische Namen und Orte